Dalai Lama

Der Friede beginnt in dir

Wie innere Haltung nach außen wirkt

Herder
Freiburg · Basel · Wien

Gedruckt auf umweltfreundlichem,
chlorfrei gebleichtem Papier

2. Auflage

Lizenzausgabe mit freundlicher Genehmigung des Scherz Verlags
Herstellung: Freiburger Graphische Betriebe 1997
Umschlaggestaltung: Joseph Pölzelbauer
Umschlagfoto: © Raghu Rai/Focus
ISBN 3-451-04451-X

Inhalt

Vorwort

Tenzin Gyatso wurde 1935 in der Provinz Amdo im Osten Tibets geboren, einem Land, das beinahe zweitausend Jahre in Unabhängigkeit gelebt hat. Im Alter von zwei Jahren wurde er als die XIV. Wiedergeburt des Dalai Lama erkannt, setzt also eine Reihe spiritueller Meister fort, die Tibet – ein Land, das siebenmal so groß ist wie Deutschland – seit dem 16. Jahrhundert regierten. Unter dem Vorwand einer «friedlichen Befreiung» begann 1950 die Invasion Tibets durch das kommunistische China. In Wirklichkeit fing damit die Vernichtung eines ganzen Volkes und seiner Kultur an. Beiden droht heute der Untergang.

Der XIV. Dalai Lama sollte zum Symbol für den dramatischen Überlebenskampf Tibets als Nation werden. Seit er 1959 nach Dharamsala in Nordindien flüchtete, führt und inspiriert er die im Exil lebenden Tibeter. Überzeugt von der Notwendigkeit des gewaltfreien Handelns, setzt er sich unermüdlich für den Frieden in der Welt ein. Als spiritueller Lehrer wird er weltweit respektiert, und Millionen von Buddhisten sehen in ihm die Verkörperung des Buddha des großen Mitgefühls. Er vermittelt sein Wissen und seine eigene Erfahrung vom uneigennützigen Handeln mit direkten, einfachen Worten.

Der Buddhismus – so sagt er – ist weder ein Dogma noch eine Religion, sondern eher eine Kunst zu leben und eine Quelle des Glücks, des inneren Friedens und der Weisheit. Er erweckt in uns Herzensgüte und Liebe und lehrt, alles Leben auf dieser Erde zu schützen. So unterstreicht der Dalai Lama immer wieder die kollektive Verantwortung: Jeder von uns kann als Mitbewohner dieser Erde bewußt für den Frieden und die Umwelt eintreten. «Die äußere Abrüstung geht Hand in Hand mit der inneren Abrüstung. Die einzig wirkliche Garantie für den Frieden liegt in uns selbst.»

In diesem Geist kommentierte S. H. der Dalai Lama im August 1991 eine Woche lang Shāntidevas *Eintritt in den Weg zum Erwachen*, eines der schönsten Werke der buddhistischen Literatur. Tausende von Menschen, die in der Dordogne im Südwesten Frankreichs zusammentrafen, führte der Dalai Lama damit in den Weg des Mitgefühls ein. Diesen Weg geht der Bodhisattva, den die Leiden der Lebewesen so tief berühren, daß er gelobt, sich zu vervollkommnen, um sie zur Befreiung führen zu können. Obwohl der Dalai Lama diesen Text bereits viele Male kommentiert hat, kommt es vor, daß ihm, angesichts der Kraft dieser Worte, Tränen in die Augen steigen, zumal er selbst ganz das Ideal des Bodhisattva lebt.

Wie Shāntideva, dieser große indische Heilige des 9. Jahrhunderts, spricht der Dalai Lama in sehr klarer und anrührender Weise über die menschliche Natur. Er hält uns an, das volle Potential von Herzensgüte und Liebe zu entwickeln, das wir alle in uns tragen. Im Zusammenhang mit unseren Erfahrungen im täglichen Leben zeigt er, wie wir Menschen mit Herz werden und unserem Leben einen Sinn geben können.

Tulku Pema Wangyal
Januar 1992

Einführung

Es wird hier und heute eine spirituelle Verbindung zwischen uns entstehen, vermittelt durch die Lehren über den *Eintritt in den Weg zum Erwachen*, verfaßt von dem großen Bodhisattva* Shāntideva, sowie die Initiation des Buddhas des Großen Mitgefühls und seines Mandala.[1]

Die Lehren zum *Bodhicharyāvatāra*, wie dieser Text auf Sanskrit heißt, wurden mir von Kunu Rinpoche[2] übertragen. Er wiederum erhielt diese Unterweisungen von einem Meister aus Osttibet[3], der der Übertragungslinie Patrul Rinpoches angehörte. Rückblickend kann Patrul Rinpoche wohl als der bedeutendste Linienhalter** dieses Textes angesehen werden. Es heißt, daß an dem Ort, wo er gerade den *Eintritt in den Weg zum Erwachen* lehrte, jedesmal eine besondere gelbe Blume, die sich durch ungewöhnlich viele Blütenblätter auszeichnete, in großen Mengen blühte; man nannte sie «Blume des *Bodhicharyā-*

* Erläuterungen zu den im Text auftauchenden buddhistischen Termini finden sich im Glossar S. 195–200 und in den Anmerkungen. Wer weiterführende Erklärungen zur Terminologie sucht, sei auf das *Lexikon der östlichen Weisheitslehren*, Bern u. a. (O. W. Barth) 1986, verwiesen. (Anm. d. Hrsg.)

** Ein Linienhalter ist ein spiritueller Meister, der die Lehren einer bestimmten Traditionslinie verkörpert und befugt ist, diese weiter zu übertragen. (Anm. d. Hrsg.)

vatāra». Es ist mir eine große Ehre, nun selbst diese Lehren weitergeben zu können.

Shāntideva verfaßte den *Eintritt in den Weg zum Erwachen* vom Standpunkt eines praktizierenden Buddhisten aus, der seinen Geist nach innen kehrt und den Kampf mit den unkontrollierten Geistesgiften aufnimmt; die Waffen für diesen inneren Kampf richtet er auf sich selbst statt gegen andere.

Es ist für Lehrende wie Zuhörer sehr wichtig, das Studium dieses Textes mit der gleichen Einstellung zu beginnen – das heißt, wir sollten die Unterweisungen zur Wandlung unseres Geistes nutzen und nicht nur dazu, unser Buchwissen zu vertiefen, unser Prestige zu verbessern oder zu anderen weltlichen Zwecken.

In der tibetischen Tradition rezitiert man zu Anfang jeder Meditationssitzung eine Lobpreisung der Drei Kostbarkeiten[4], verbeugt sich vor ihnen und rezitiert einige Verse aus den Sūtras[5]:

Übt euch vollkommen in den Tugenden,
ohne die geringste negative Tat zu begehen.
Werdet völlig Herr über den eigenen Geist –
das ist die Lehre des Buddha.

Und:

Wie eine Sternschnuppe, eine Halluzination, eine Kerzenflamme,
eine Illusion, ein Tautropfen, eine Wasserblase,
ein Traum, ein Blitz, eine Wolke:
so ist die Welt der Phänomene zu sehen.

Nachdem man über die Vergänglichkeit und die nichtwirkliche Existenz aller Erscheinungsformen meditiert hat, wird das dadurch entstandene spirituelle Verdienst allen Lebewesen mit folgenden Worten gewidmet:

Möge ich durch dieses Verdienst Allwissenheit erlangen,
meine Feinde, die Geistesgifte, besiegen
und alle Lebewesen aus dem Ozean des Daseins befreien,
der von den Wogen Geburt, Krankheit, Alter und Tod aufgewühlt wird.

Danach rezitieren wir das *Herz-Sūtra,* die «Lobpreisung der vortrefflichen Eigenschaften glorreicher Weisheit» und die «Opferung des Mandala»[6]. Wenn Sie diese Texte zur Hand haben, lesen Sie sie und lassen Sie ihre Bedeutung auf sich wirken. Wenn nicht, hören Sie einfach der Rezitation zu, während Sie Ihren Geist auf die unendliche Güte der Buddhas und die Leere richten, die die eigentliche Bedeutung der Höchsten Weisheit ist.

Abschließend nehmen wir, um unsere Gelübde zu erneuern, Zuflucht und entwickeln den Erleuchtungsgeist[7], indem wir dreimal folgenden Vers rezitieren:

Zum Buddha, zum Dharma und zum Sangha
nehme ich Zuflucht bis zur Erleuchtung.
Durch das Verdienst, das aus Freigebigkeit und den anderen Vollkommenheiten entsteht,
möge ich die Buddhaschaft zum Wohl aller Wesen erlangen!

Danach werden wir gemeinsam den *Eintritt in den Weg zum Erwachen* studieren.

Der Herr der Lehre, der in die Glückseligkeit eingegangene Buddha, entwickelte zuerst den erhabenen Erleuchtungsgeist und sammelte dann drei unvorstellbar lange Weltzeitalter hindurch Verdienst und Weisheit[8] an. Schließlich erlangte er an einem heiligen Ort in Indien – Bodhgayā, dem «Diamantenen Thron» (*vajrāsana*) – die

Vollkommene Erleuchtung. Vor über 2500 Jahren setzte er, der dadurch zum Buddha geworden war, dann mehrmals das Rad der umfassenden und tiefgründigen Lehre in Bewegung. Seitdem ist der Buddhismus zu einer der bedeutendsten spirituellen Traditionen der Welt geworden.

Ich fasse die buddhistische Lehre oft unter zwei Hauptgesichtspunkten zusammen: *Verhalten* und *Anschauung*. Unter «Verhalten» versteht man das Vermeiden aller negativen Handlungen; dies ist die Quelle des Heils und für alle Lebewesen dieser Erde, welchem Glauben sie auch angehören, Anlaß zur Freude. «Anschauung» oder «Sicht» ist das Verständnis der Kette des Entstehens aller Dinge in gegenseitiger Abhängigkeit; alles Glück, alles Leiden beruht auf abhängigem Entstehen[9].

Glück und Leiden und die Wesen, die diese erfahren, sind nicht ohne Ursache entstanden. Auch sind sie nicht das Werk eines Schöpfers des Universums, der durch sich selbst und ewig existiert. Alle Phänomene sind das Resultat bestimmter Ursachen und Bedingungen. Diese Sicht ist allen buddhistischen Schulen gemeinsam.

Wir meinen gewöhnlich, daß alles, was uns widerfährt – sei es gut oder schlecht –, von einer einzigen Ursache, einer unabhängig existierenden Entität, ausgeht. Wenn ein Erlebnis angenehm ist, halten wir sofort an dem fest, was wir für dessen Ursache halten. Umgekehrt reagieren wir mit Ablehnung auf etwas, das wir für die Ursache einer unangenehmen Erfahrung halten. Wenn aber jede Erscheinung nur auf eine einzelne, unabhängig existierende Ursache zurückzuführen wäre, würde diese wie ein Punkt sein, auf den man einfach mit dem Finger zeigen könnte.

Begreifen wir jedoch, daß alle Phänomene das Resultat eines komplexen Zusammenspiels von Ursachen und Bedingungen sind, die sowohl außerhalb wie innerhalb von uns selbst liegen, wandelt sich unser Denken; wir sehen die Welt dann mit einem viel offeneren Geist und mit einer toleranteren Einstellung. Es ist nicht mehr so klar definierbar, was genau das Objekt unserer Begierde oder Aggression ist; folglich entstehen diese Gefühle nicht mehr mit der gleichen Selbstverständlichkeit. Diese neue Offenheit unseres Geistes ist äußerst positiv.

Ein Verhalten, das auf Gewaltlosigkeit basiert, und das Erkennen, daß alle Dinge in gegenseitiger Abhängigkeit entstehen – dies beides erlaubt uns, unser Verständnis der Phänomene zu vertiefen. Schritt für Schritt verändern sich dadurch unsere Denkmuster, wir sehen Dinge anders und handeln anders. Von den Lehren Buddhas geht eine große verwandelnde Kraft aus: Unser Denken wird subtiler, was sich in unserer Sprache und unserem Verhalten niederschlägt.

Übt euch vollkommen in den Tugenden,
ohne die geringste negative Tat zu begehen.
Werdet völlig Herr über den eigenen Geist –
das ist die Lehre des Buddha.

Warum werden wir angehalten, jede negative Tat zu vermeiden und auch die geringfügigste gute Tat zu tun? Weil unser Verhalten bestimmt, ob wir in Zukunft Glück oder Leid erfahren. In jedem Augenblick erleben wir das Resultat unserer früheren Handlungsweise. Motiviert von positiven oder negativen Absichten, handeln und sprechen wir und gestalten so unsere Zukunft. Unser Verhalten in der ersten Hälfte unseres Lebens bestimmt über Glück und Leid unseres restlichen Lebens. Unser Verhalten in diesem Leben bestimmt den Verlauf unserer nächsten Existenz. Was während eines Weltzeitalters getan wurde, wirkt sich in den kommenden Weltzeitaltern aus. Wenn man diese Untersuchung immer weiter führt, versteht man das Prinzip des Karma, des Gesetzes von Ursache und Wirkung.

Eine Tat, wie immer sie aussehen mag, ist negativ, wenn sie Leiden verursacht, positiv oder heilsam, wenn sie zu einer Quelle des Glücks wird. Eine Handlung ist niemals negativ oder positiv *an sich*. Ihr Wert wird vielmehr bestimmt durch die Konsequenzen, die sich aus ihr ergeben, und die Motivation, mit der sie ausgeführt wird. Rede und Verhalten hängen von der geistigen Verfassung ab. Darum ist es wichtig, Herr über den eigenen Geist zu werden, indem wir uns vom Haften an der Realität lösen, aus dem die negativen Emotionen oder Geistesgifte[10] entstehen.

Aus diesem Grund also hat der Buddha gesagt: «Werdet völlig Herr über den eigenen Geist.» Genau davon hängt alles Glück ab. Es ist äußerst wichtig, die Geistesgifte zu überwinden. Liebe wird als Gegenmittel für Haß angewandt. Um das Anhaften zu besiegen, meditieren wir über die abstoßenden Aspekte des Objekts der Begierde. Hochmut wird gebrochen, indem wir die physischen und psychischen Komponenten des Menschen analysieren. Als Mittel gegen Unwissenheit sammeln wir uns mit Hilfe des Ein- und Ausatmens und meditieren über das Entstehen aller Dinge in gegenseitiger Abhängigkeit. Um dies praktizieren zu können, müssen wir alle Methoden und Kerninstruktionen des tiefgründigen und umfassenden Weges kennen.

Bevor ich mit dem Text selbst beginne, möchte ich einige Grundbegriffe der buddhistischen Lehre erwähnen. Nach den Schriften des Mahāyāna[11] setzte der Buddha das Rad der Lehre dreimal in Bewegung. Das erste Mal lehrte er die Vier Edlen Wahrheiten[12], die die Hauptthemen des Buddhismus definieren: das Leiden, die Ursache des Leidens, der Weg zur Befreiung und die Beendigung des Leidens. Das zweite Mal legte er ganz direkt die Bedeutung der Leere dar, und zwar in den Sūtras über *Die Vollkommenheit Höchster Weisheit*[13] und über die tiefgründigen und detaillierten Aspekte des Weges, auf denen der Abhidharma (Erklärungen über die Wege und Stufen, die zur Buddhaschaft führen) basiert. Das dritte Mal wandte sich der Buddha an jene, die seine subtile Darlegung über die Leere nicht erfassen konnten, und zeigte ihnen einen leichteren Weg, sich ihr zu nähern. Diese Lehren sind in einer Sammlung von Sūtras und Kommentaren enthalten, in denen es um die «Soheit» geht: die absolute Natur der Dinge, die die Dualität des Konzeptes von Subjekt und Objekt transzendiert. Die bekanntesten dieser Texte sind das *Sūtra der Buddha-Natur* und insbesondere der Kommentar zur *Mahāyāna-Abhandlung über das Höchste Kontinuum*[14].

Die Wurzeln des Leidens, also Illusionen und Geistesgifte, die den Geist verdunkeln, können auf verschiedenen Ebenen – groben und subtilen – identifiziert werden. Um dazu in der Lage zu sein, ist es sehr wichtig, das wahre Wesen der Phänomene zu erkennen. Als der Buddha zum zweitenmal das Rad der Lehre in Bewegung setzte, erklärte er die Wahrheit von der Beendigung des Leidens in allen Einzelheiten. Er zeigte, wie es durch eine immer subtilere Analyse der Erscheinungen möglich wird, das Wesen der Geistesgifte zu verstehen, bis zur wirklichen Ursache des Leidens vorzudringen und schließlich die Leere selbst zu erkennen.

Eine solche Analyse ermöglicht uns ein tieferes und genaueres Verständnis der Wahrheit des Weges, das heißt der Möglichkeit, bis zur Erleuchtung fortzuschreiten. Diese Wahrheit entsteht nicht aus dem Nichts; auch sie beruht auf Ursachen. Als der Buddha zum drittenmal das Rad der Lehre in Bewegung setzte, betonte er besonders die dem Geist eigene Fähigkeit zur Allwissenheit. Dieses Potential ist die Buddha-Natur (*tathāgatagarbha*), die jedem Lebewesen innewohnt; sie ist die Basis, auf der wir die Buddhaschaft verwirklichen können. In den Texten des zweiten Zyklus der Lehrreden wird die Leere[15] der Objekte veranschaulicht, während im *Sūtra der Buddha-Natur* und den anderen Schriften, die zum dritten Zyklus gehören, die klare Natur des Geistes – der Weisheitsaspekt des Subjekts, das die Objekte wahrnimmt – hervorgehoben wird.

Der Buddha legte mit den Vier Edlen Wahrheiten den Grundstein seiner Lehre, die er in der Folge weiter ausführte und vertiefte, um damit den verschiedenen Bedürfnissen seiner Schüler zu entsprechen und sich ihrem jeweiligen Aufnahmevermögen anzupassen. So gebrauchte er Begriffe wie «Leere» und «Nicht-Selbst» in den verschiedensten Sinnzusammenhängen. Man könnte sich fragen, wie zu unterscheiden ist, wann er den absoluten Sinn erläuterte und wann er die spezifische Aufnahmefähigkeit seiner Schüler in Betracht zog und dementsprechend die Bedeutung umschrieb. Dazu müssen wir die Reden des Buddha studieren. Wenn man sie allzu wörtlich nimmt, wird man auf Widersprüche stoßen. Das bedeutet, daß sie, auch wenn sie die Worte des Buddha sind, nicht die endgültigen Kriterien der Wahrheit darstellen. Es sind relative Wahrheiten, die zur Förderung der spirituellen Entwicklung bestimmter Schüler formuliert wurden. Es ist angebracht, diese Lehren von jenen zu unterscheiden, deren Analyse keinerlei Ungereimtheiten erkennen läßt und die als Kriterien der Wahrheit gelten können; sie enthalten den absoluten und authentischen Sinn.

Es trifft zu, daß Hingabe und Vertrauen im Buddhismus sehr wichtig sind, aber Wissen spielt eine noch wesentlich größere Rolle, denn wirkliches Vertrauen gründet sich auf Gewißheit. Mit blindem Vertrauen zu verkünden «Ich nehme Zuflucht», ist nicht viel wert. Wie kann man zum Beispiel die verschiedenen Ebenen der buddhistischen Lehre unterscheiden, die alle dargelegt wurden, um die Lebewesen zur Befreiung zu führen, ohne von seiner Urteilsfähigkeit Gebrauch zu machen? Der Buddha hat von den Vier Vertrauen gesprochen, was wir in vielen Sūtras zitiert finden:

> Vertraut nicht den Lehrern, sondern der Lehre;
> vertraut nicht den Worten, sondern ihrem Sinn;
> vertraut nicht dem relativen Sinn, sondern dem absoluten;
> vertraut nicht dem Intellekt, sondern der Weisheit.

Der Geist ist seinem Wesen nach klar, seine natürliche Fähigkeit zur Erkenntnis kann niemals befleckt oder verschleiert werden. Sämtliche Übungen des Vajrayāna[16] basieren auf dieser Wahrheit. Im Land des Schnees, in Tibet, waren alle Aspekte der buddhistischen Lehre vertreten, von den Vier Edlen Wahrheiten bis zu den höchsten Tantras des Vajrayāna, des Diamantfahrzeugs.

Untersuchen wir nun, welche logische Reihenfolge zwischen diesen Lehren besteht. Das erste Stadium besteht darin, sich mit den Vier Edlen Wahrheiten auseinanderzusetzen; damit betreten wir den Weg des Hīnayāna[17], des grundlegenden Fahrzeugs. Durch die Selbstdisziplin der ethischen Verhaltensweise – indem man sich also an die Regeln des Vinaya hält – beginnt man, das Fundament zu legen. Dann entwickelt man die meditative Sammlung und die Höchste Weisheit durch Anwendung der siebenunddreißig Hilfen zur Erleuchtung. Diese drei Übungen – ethisches Verhalten, Meditation und Weisheit – sind die Stützpfeiler der anderen beiden Fahrzeuge, Mahāyāna und Vajrayāna.

Das zweite Stadium ist die Ausübung der Sechs Vollkommenheiten des Mahāyāna-Buddhismus: Freigebigkeit, ethisches Verhalten, Geduld, beharrliches Streben, Meditation und Weisheit. Im dritten Stadium übt man sich in den außergewöhnlichen Methoden des Vajrayāna, mit Hilfe derer man ohne Schwierigkeiten eine tiefe Ebene der Meditation erreicht, die Vereinigung von Geistiger Ruhe und Durchdringender Einsicht (Shamatha und Vipashyanā)[18]. Der Diamantweg beinhaltet außerdem die stufenweise Praxis der vier Tantra-Klassen: Kriya, Upa, Yoga und Anuttara.

Seit seiner Entstehung vor 2500 Jahren hat der Buddhismus in vielen Ländern Verbreitung gefunden, aber nur in Tibet ist die Gesamtheit der Lehren der Drei Fahrzeuge bewahrt worden. Im Tibetischen Buddhismus findet man die einzigartige Überlieferung, die es erlaubt, alle diese Aspekte – in ihrer logischen Reihenfolge – in einer einzigen Meditationssitzung zu integrieren. In Tibet haben die Gelehrten nicht ihre Meditationspraxis vernachlässigt und die Meditierenden nicht das Studium außer acht gelassen – die Weisen vereinten Wissen mit spiritueller Verwirklichung. Ich finde, das ist eine sehr gute Art und Weise vorzugehen.

Im Lauf der Jahrhunderte gingen aus dieser umfassenden Tradition verschiedene Schulen hervor. Sie entwickelten sich unter dem Einfluß außergewöhnlicher Meister, die in verschiedenen Zeitepochen und an den verschiedenen Orten Tibets die Lehre in etwas unterschiedlicher Art und Weise erläuterten. Die Nyingma-Schule entstand in der Periode der ersten Übersetzungen buddhistischer Texte aus dem Sanskrit ins Tibetische. Die Übertragungslinien der Kadam, Sakya, Kagyu und Geluk entstanden im Verlauf der zweiten Periode der Übersetzungen. Sie alle gründen auf der Gesamtheit der Lehren des Buddha, die in den Drei Fahrzeugen enthalten sind, auf der außergewöhnlichen Einheit der Wege des Sūtra und Tantra.

Der Text, den wir hier studieren werden, der *Eintritt in den Weg zum Erwachen*[19], ist seit Jahrhunderten Gegenstand großer Verehrung von Meistern aller Schulen gewesen; viele von ihnen haben einen Kommentar dazu verfaßt. Im ganzen zählt man etwa einhundert verschiedene Kommentare – zweifellos hat kein anderer Text in der buddhistischen Literatur zu mehr Werken inspiriert als dieser. Als Kunu Rinpoche mir die Unterweisungen über den *Eintritt in den Weg zum Erwachen* gab, erwähnte er oft einen interessanten Kommentar, der Ende des letzten Jahrhunderts von Minyak Kunzang Sonam[20], einem Schüler von Djamyang Khyentse Wangpo[21], verfaßt wurde. Gestern hatte ich die große Freude, diesen Text als Geschenk zu erhalten.

Der Eintritt in den Weg zum Erwachen enthält die Essenz der drei Lehrzyklen des Buddha. Wenn ich in den folgenden Tagen genügend Zeit dazu habe, werde ich dieses bemerkenswerte dichterische Werk Shāntidevas laut vorlesen, um so die mündliche Überlieferung des Textes zu geben, die von großem Segen ist. Ich werde nicht jedes Wort kommentieren, sondern die wesentlichen Passagen hervorheben.

Viele Texte beschreiben, mit welcher inneren Einstellung man den Lehren zuhört und wie man sich verhält, um sie am besten in sich aufzunehmen. Wenn wir vom Ehrgeiz beeinflußt sind, unser Renommee zu verbessern, belesener zu werden oder von anderen Ambitionen motiviert sind, die nur in diesem Leben wichtig sind, praktizieren wir den Dharma nicht wirklich. Wir müssen eine weiterreichende Perspektive haben und über den Wunsch nach Wiedergeburt in den höheren Existenzbereichen des Samsāra[22] oder nach unserer persönlichen Befreiung hinauswachsen.

Nehmen wir die Unterweisungen des *Eintritt in den Weg zum Erwachen* mit dem festen Willen auf, die allumfassende Erkenntnis der Siegreichen[23] zum Wohl der unendlich vielen Lebewesen zu verwirklichen. Um dieses Ziel zu erreichen, müssen wir dem umfassenden und tiefgründigen Weg folgen, der in diesem Text, im Einklang mit den Absichten des Buddha, beschrieben wird. Diese geistige Einstellung sollten wir aufrechterhalten, weil dadurch ein kraftvolles Verdienst entsteht, das uns helfen wird, auf dem Weg zum Erwachen voranzukommen. Wenn sich diese innere Haltung nicht von selbst einstellt, sollten wir versuchen, sie bewußt zu kultivieren.

1. *Lobpreisung des Erleuchtungsgeistes*

Der *Eintritt in den Weg zum Erwachen* beginnt mit einer Ehrerbietung an die Drei Kostbarkeiten.

I

Voller Ehrfurcht verneige ich mich vor den Sugatas,
die mit dem Körper der Wahrheit begabt sind,
ihren Söhnen und allen Ehrwürdigen,
bevor ich kurz die Übungen der Bodhisattvas darlege,
wie sie der Überlieferung nach gelehrt werden.*

Das Sankritwort *Sugata* ist ein Synonym für Buddha. Die erste Silbe geht auf das Wort *sukha*, «Glückseligkeit», zurück, die zweite Silbe, *gata*, bedeutet «gegangen». Sugata ist also der, «der zur Glückseligkeit gegangen ist». In der *Abhandlung über die Logik*[24] wird noch hinzugefügt,

* Die Kapitel 1–10 entsprechen der Kapitelaufteilung des *Bodhicharyāvatāra*.
Die in diesem Buch kommentierten Verse des Werkes von Shāntideva sind kapitelweise über den Versen durchnumeriert. Nicht numerierte zitierte Verse stammen aus anderen Quellen. Eine vollständige deutsche Übersetzung des *Bodhicharyāvatāra* findet sich in Shāntideva: *Eintritt in das Leben zur Erleuchtung,* übers. v. E. Steinkellner, Düsseldorf/Köln (Diederichs) 1981. (Anm. d. Hrsg.)

daß der Sugata auf wunderbare und erhabene Weise zur Glückseligkeit fortgeschritten ist. Dies bezieht sich – wie wir im folgenden noch sehen werden – auf die zwei Wege zur Glückseligkeit: Der eine führt über die Beseitigung (der Unvollkommenheiten), der andere über die Erkenntnis.

In dem Maße, in dem die spirituellen Eigenschaften entwickelt werden und all das beseitigt wird, was dieser Entwicklung entgegenwirkt, wird der Geist immer fähiger, das Wesen aller Wahrnehmungsobjekte zu erkennen. Schließlich gelangt er auf die Stufe, wo er die absolute Natur aller Phänomene in ihrer letzten Nacktheit erkennt.

Es heißt, der Sugata erlange die Erkenntnis der Soheit – des wahren Wesens der Dinge – in dem Moment, wo die Weisheit, die diese absolute Natur ohne die geringste Täuschung erkennt, sich offenbart. Diese Erkenntnis ist unumkehrbar, sie geht nie wieder verloren.

Meditiert man mit Hilfe aller dafür geeigneten Methoden über die Unauffindbarkeit einer wirklichen, den Phänomenen innewohnenden Existenz, und übt man diese Meditation bis zur Vollendung, dann erlangt man die Erkenntnis all dessen, was zu erkennen ist: die Totalität aller Phänomene und ihr wahres Wesen. Durch die Kraft der Gegenmittel schwindet das, was sich zwischen den Erkennenden und das zu Erkennende gestellt hat. Die Schleier zerreißen, die Phänomene werden in ihrer ursprünglichen Nacktheit erkannt. Diese Transformation ist die integrale Erkenntnis, die als Allwissenheit bezeichnet wird.

Die Erkenntnis der Soheit, die unumkehrbare Erkenntnis und die integrale Erkenntnis sind die drei Eigenschaften, die dem, der über den Weg der Erkenntnis zur Glückseligkeit fortgeschritten ist, eigen sind.

Diese Eigenschaften werden durch die Kraft der Gewöhnung entwickelt. In unserem Geist findet eine Transformation statt: Die rechte Sicht, eine bis dahin unbekannte, wahrhafte Erkenntnis stellt sich ein. Wenn die Erkenntnis an Kraft gewinnt und als Gegenmittel wirkt, schwindet allmählich das, was ihr entgegensteht: der Glaube an eine wahre Existenz des Ich und der Erscheinungsformen und die verstörenden Emotionen oder Geistesgifte. Sobald das Gegenmittel seine volle Wirksamkeit erreicht hat, enthüllt sich die Weisheit der Nicht-Dualität – die direkte Erfahrung der nicht-wirklichen Existenz der Dinge. Die entgegenwirkenden Kräfte werden durch die direkte, aus Erkenntnis hervorgehende Sicht vernichtet.

Es handelt sich dabei nicht um eine zeitweilige Unterdrückung grober verstörender Emotionen, herbeigeführt durch eine oberflächliche Befriedung der Gedanken. Für den Sugata entstehen negative Emotionen einfach nicht mehr, selbst dann nicht, wenn alle Faktoren zusammentreffen, die sie gewöhnlich provozieren. Ihre Beseitigung ist vollkommen und unwiderruflich, sie treten in keiner Situation jemals wieder auf. An ihren Platz tritt eine besondere, nicht-dualistische Weisheit, die sich aus der Erkenntnis ergibt und alle trübenden Schleier ohne Ausnahme beseitigt. Dies ist die integrale Beseitigung. Der Sugata, der diese dreifache Beseitigung (die vollständige, unumkehrbare und integrale) vollendet hat, ist den Weg zur Glückseligkeit, der über die Beseitigung führt, gegangen.

Wenn Shāntideva also im ersten Vers von den Buddhas spricht, die den Absoluten Körper der Wahrheit besitzen, ist von den Sugatas die Rede, die die Eigenschaften der dreifachen Erkenntnis und der dreifachen Beseitigung besitzen. Ein Buddha ist also, wer alle Unvollkommenheit beseitigt und alle Vollendung erreicht hat.

Der, der durch Beseitigung in die Glückseligkeit eingegangen ist, hat, als er die erste Bodhisattva-Stufe erreichte, damit begonnen, die Schleier der Unwissenheit beiseite zu schieben. Danach hat er sie endgültig zerstört, indem er den Weg der Bodhisattvas bis zum Ende gegangen ist und damit das Stadium erreichte, in dem es nichts mehr zu erkennen gibt. Er hat den von Anbeginn reinen Raum der absoluten Wirklichkeit, den Körper der Soheit und den Absoluten Körper verwirklicht. Denn in dem Maße, wie alle trübenden Schleier der Unwissenheit beseitigt werden, erscheinen die Eigenschaften der ursprünglichen Weisheit, insbesondere die fünfundzwanzig reinen Eigenschaften des Absoluten Körpers. Das, was nach der Beseitigung der trübenden Schleier bleibt, wird ursprüngliche Weisheit genannt.

Die Wahrheit vom Weg gipfelt in der vollendeten Erkenntnis, die Wahrheit von der Beendigung des Leidens gipfelt in der vollendeten Beseitigung. Diese beiden Wahrheiten verbinden sich zur Lehre, zu dem, was man Dharma nennt, der zweiten der Drei Kostbarkeiten, deren absoluter Aspekt der Körper der Wahrheit ist, von dem Shāntideva im ersten Vers spricht. Die Buddhas haben diesen Absoluten Körper der Wahrheit, aus dem der Körper des Entzückens und der Körper der Verwandlung[25] ausstrahlen. Die beiden letzteren bilden die dritte Kostbarkeit, die Gemeinschaft derer, die den Weg zu Ende gegangen sind.

Die Söhne der Buddhas sind die Bodhisattvas, die Gemeinschaft derer, die das Mahāyāna praktizieren und sich dem Stadium des Nicht-mehr-Lernens nähern. Die Hörer, Alleinverwirklicher und Arhats[26] bilden die Gemeinschaft der Hīnayāna. Unsere Lehrer und spirituellen Freunde sind ebenfalls Teil der erhabenen Gemeinschaft, des Sangha; sie sind gemeint, wenn Shāntideva von «allen Ehrwürdigen» spricht.

Der absolute Aspekt der Drei Kostbarkeiten ist die innere Verwirklichung der Wahrheit vom Weg und der

Wahrheit von der Beendigung des Leidens, das, worauf die Lehre (*dharma*) abzielt.

Nach der Ehrerbietung an die Drei Kostbarkeiten gibt Shāntideva seiner Absicht Ausdruck, dieses Werk zu verfassen. Wie wird er nun vorgehen? Er wird die Essenz der Lehre der Buddhas und Bodhisattvas herausdestillieren.

Die Söhne des Buddha sind dreifacher Art: der leibliche Sohn des Buddha, Prinz Rahula; die Söhne seiner Rede, die Hörer, Alleinverwirklicher und Arhats; die Söhne seines Geistes, die Bodhisattvas. Die Bodhisattvas stehen ihm am nächsten, weil sie die erhabenen Eigenschaften des Körpers, der Rede und des Geistes des Buddha einzig in der Absicht erstreben, das Heil aller Wesen zu erwirken. Die Bodhisattvas wenden die unfehlbaren Methoden des Weges der Leere an, dessen Essenz das tiefe Mitgefühl* ist. Im Licht des Verhaltens und der Übung der Bodhisattvas, einschließlich aller Einzelheiten, aus denen letztere besteht, beschreibt Shāntideva in diesen Versen die wichtigen Punkte der Geistesschulung und untersucht alle dazu gehörigen Aspekte.

Sich dem Weg der Bodhisattvas zu verpflichten bedeutet, zum Kern der Praxis der Sechs beziehungsweise Zehn Vollkommenheiten[27] vorzudringen, die sich in drei Grundsätzen zusammenfassen lassen: alle negativen Handlungen vermeiden; alle heilsamen Taten ausführen; für das Heil aller Wesen arbeiten. Der Weg führt über drei Etappen: 1. der Entschluß, den Weg zu gehen; 2. das Beschreiten des Weges, das heißt die Übung; 3. die

* «Mitgefühl» meint im Buddhismus im allgemeinen nicht nur ein passives Mit-*Fühlen*, sondern schließt das vom Mitempfinden motivierte Tätigwerden ein, das zum Ziel hat, die Lebewesen vom Leiden zu befreien. Insofern wäre auch «Erbarmen» eine angemessene Übersetzung, das ja vom althochdeutschen ab-armēn, «von Not befreien», herkommt. (Anm. d. Hrsg.)

Vollendung des Weges. Im *Eintritt in den Weg zum Erwachen* erklärt Shāntideva zunächst, was mit dem Entschluß, den Weg zu gehen, also mit der Annahme des Erleuchtungsgeistes, gemeint ist. Im Hauptteil des Textes wird dann die Übung der Sechs Vollkommenheiten schrittweise erläutert. Das neunte Kapitel schließlich, das der Vollkommenheit Höchster Weisheit (*prajñāpāramitā*) gewidmet ist, gibt eine kurze Beschreibung der Vollendung, also der Frucht der Übung, die die Verwirklichung der Buddhaschaft ist.

Was bedeutet das Wort Bodhisattva? *Bodhi*, das Erwachen oder die Erleuchtung, ist das Ziel, die Frucht, die erlangt wird; sie ist ohne Fehl, hat keinerlei Mängel und vereint alle positiven Eigenschaften in sich. *Sattva* ist der mutige Geist, der sich entschließt, dieses Ziel zum Wohl aller Lebewesen zu erreichen. Mit Hilfe der Weisheit richtet der Bodhisattva all sein Streben auf die Erleuchtung; erfüllt von tiefem Mitgefühl, wendet er sich den Wesen zu. Bodhisattva wird also genannt, wer in seinem Innersten den aufrichtigen Wunsch verspürt, die Erleuchtung zu erlangen, um das letztendliche Glück der Lebewesen herbeizuführen. Diese treibende Kraft, die der Ausgangspunkt des Weges ist, bezeichnet man als den altruistischen Erleuchtungsgeist oder Bodhichitta.

Wenn man sich bewußt wird, was Erleuchtung tatsächlich bedeutet, begreift man nicht nur, daß es ein Ziel gibt, sondern auch, daß man dieses Ziel wirklich erreichen kann. Von dem Wunsch erfüllt, den Wesen zum Heil zu verhelfen, sagt man sich: «Um dazu fähig zu werden, muß ich Erleuchtung erlangen!» Dieser Leitgedanke und all die anderen, die sich um ihn gruppieren, sind das Tor zum Mahāyāna. Der Erleuchtungsgeist vereint demnach in sich die Entwicklung der Weisheit und das Streben nach dem Wohlergehen aller Lebewesen. Seine beiden Aspekte – der Wille, anderen zu helfen, und der Wille, zur

Erleuchtung zu gelangen – erfordern jeder ein ganz bestimmtes Vorgehen.

Erleuchtung ist vorstellbar, und wir können sie sogar realisieren. Wenn wir uns dieser zwei Dinge nicht sicher sind, mögen wir vielleicht einen vagen Wunsch nach Erleuchtung empfinden, haben aber nicht die unerschütterliche Entschlossenheit, die nötig ist, um sie zu erreichen.

Das Verständnis der Leere, die Buddha Shākyamuni im zweiten Zyklus seiner Lehrreden erläuterte, ist deshalb so wichtig, weil Leere das wahre Wesen aller Phänomene ist. Im *Sūtra über die Vollkommenheit der Weisheit* und in den erhellenden Kommentaren Nāgārjunas[28] und seiner Schüler wird aufgezeigt, daß eine inhärente[29] Existenz der Phänomene letztlich nicht nachweisbar ist. Mit dieser Wahrheit konfrontiert, fragt man sich, was es denn mit unserer Wahrnehmung der Welt auf sich hat – nehmen wir die Phänomene doch völlig anders wahr. Die Aussage der Schriften steht in direktem Gegensatz zu der von uns erfahrenen Wirklichkeit: Die Phänomene sollen ihrem Wesen nach leer sein, wir aber meinen, daß sie wirklich existieren.

Die Erläuterungen, die uns die Schriften geben, verhelfen uns zu der Gewißheit, daß die Natur der Phänomene Leere ist. Wir erkennen, daß wir aufgrund von Unwissenheit die Welt der Erscheinungen als wirklich betrachten und daß Begierde und Haß im Festhalten an diesem Glauben ihre Wurzeln haben.

Aus Unwissenheit, dem Glauben an eine wirkliche Existenz der Dinge, entspringt der leidvolle Kreislauf der Wiedergeburten. Die Macht der Unwissenheit ist groß, ja überwältigend. Wenn man jedoch darüber nachdenkt, ist sie, trotz ihrer Macht, nichts als ein Irrtum, eine falsche Weise der Wahrnehmung. Es gibt für sie keine wirkliche

Grundlage. Das Gegenteil aber, die Erkenntnis, daß alle Phänomene leer in bezug auf eine ihnen innewohnende Existenz sind, beruht auf einer Wahrheit, für die es schlüssige Beweise gibt. Wenn wir uns bemühen, uns mit diesem Wissen vertraut zu machen, kann es sich – da es auf Wahrheit beruht und Allwissenheit eine natürliche Eigenschaft des Geistes ist – unendlich ausweiten. Durch die wachsende Kraft dieses Gegenmittels wird das Licht der Erkenntnis sich ausweiten und das Dunkel der Unwissenheit abschwächen. In diesem ungleichen Kampf haben die falschen Ideen und Vorstellungen, die der Erkenntnis entgegenstehen, keine Chance.

Ist es möglich, die Unwissenheit vollständig abzustreifen? Es heißt:

> Das wirkliche Wesen des Geistes ist Licht;
> Verdunkelung kann nur vorübergehend erscheinen.

Dieser Vers besagt, daß die Geistesgifte oder verstörenden Emotionen die eigentliche Natur des Geistes, das Klare Licht, zwar verhüllen können, ihn aber niemals durchdringen. Es ist tatsächlich möglich, die von Anbeginn an vorhandenen Verdunkelungen zu beseitigen; der Geist kann mit Hilfe der Gegenmittel von ihnen befreit werden.

Die Urnatur des Geistes wird niemals verfälscht. Sie besitzt die lichte* Fähigkeit, die Gesamtheit der inneren und äußeren Phänomene zu kennen. Nichts kann diese natürliche Eigenschaft verändern, die den Geist auszeichnet. Das Festhalten am Glauben an eine den Objekten

* Mit dem Adjektiv «licht» wird hier das französische *lumineuse* (engl. *luminous*) übersetzt, um nicht nur den Aspekt der «Lichthaftigkeit», sondern auch den der weiten Offenheit – wie im deutschen «Lichtung» – anzudeuten. Dementsprechend wird der Terminus «Klares Licht» gelegentlich auch mit «Lichtheit» übersetzt. (Anm. d. Hrsg.)

innewohnende Existenz ist wie ein Fremdkörper in der Natur des Geistes – eine irrige Wahrnehmung, hervorgerufen durch ein Zusammentreffen von momentanen Umständen und starken, gewohnheitsbedingten Tendenzen, welche aus ferner Vergangenheit herrühren.

So kann einerseits die Gewißheit, daß Phänomene keine ihnen innewohnende Existenz besitzen, die gegenteilige Vorstellung, nämlich den Glauben an die Realität der Phänomene, aufheben. Andererseits kann der Glaube an eine wirkliche Existenz der Dinge die Grundnatur des Geistes niemals verfälschen. Darum heißt es in der *Mahāyana-Abhandlung über das Höchste Kontinuum*:

> Aller Makel besteht nur zeitweilig,
> die Eigenschaften sind inhärent.

Sollte uns dies nicht Anlaß zum Nachdenken geben? Durch fortschreitende Anwendung der entsprechenden Gegenmittel ist es möglich, die Schleier, die unseren Geist verdunkeln, vollständig zu beseitigen. Die negativen Emotionen können entwurzelt, ihre Ursachen zerstört werden. Das gleiche gilt für die Beseitigung der subtilen mentalen Ablagerungen, jener Veranlagungen und karmischen Spuren, die die negativen Emotionen hinterlassen und die das größte Hindernis für die Erkenntnis des wahren Wesens aller Dinge bilden.

Der Geist, gereinigt von den negativen Emotionen und ihren subtilen Überresten, ist fähig, alles zu erkennen, was zu erkennen ist. Jeder von uns trägt das Potential zur Verwirklichung dieser Allwissenheit in sich. Wir müssen nur noch – von unserem jetzigen Zustand ausgehend – die richtigen Methoden anwenden. Wenn es uns nicht gelingt, den Gegenstand der Erkenntnis, etwa die Leerheit, wahrzunehmen, so liegt das an den oben erwähnten trübenden Schleiern, die sich zwischen unseren Geist und den Gegenstand der Erkenntnis geschoben haben. Sobald diese Schleier jedoch beseitigt sind, scheint Wissen oder Klarheit auf. Dies ist die eigentliche Natur des Geistes. Was bereits existiert, muß nicht erst erschaffen werden. Mit dem Geist ist immer auch die Fähigkeit der Erkenntnis spontan gegenwärtig. Sie kommt jedoch erst dann zum Ausdruck, wenn alles, was sie behindert, beseitigt ist.

Nun zu dem Wunsch, etwas für das Wohlergehen der anderen zu tun. Dieser Wunsch entsteht, nachdem wir darüber nachgedacht haben, daß alle Lebewesen, angefangen beim Menschen, gleichermaßen Leiden vermeiden und Glück und Zufriedenheit erfahren wollen. Indem wir hierüber meditieren, entwickeln wir sowohl Mitgefühl, also den Wunsch, alle Wesen vom Leiden zu befreien, als auch Liebe, also den Wunsch, ihnen zu Glück zu verhelfen.

Das Verlangen, glücklich zu sein und nicht zu leiden, kommt aus unserem tiefsten Herzen. Dieses persönliche Bedürfnis können wir auch für andere mitempfinden. Wenn wir jemanden leiden sehen, verspüren wir, wenn vielleicht auch nur schwach, den Wunsch, sein Leid zu lindern. Denkt man nicht, wenn man einem armen Menschen begegnet, der von großem Leid geplagt ist: «Welch ein Jammer!» Liebe und Mitgefühl sind Eigenschaften, die jeder entwickeln kann, denn sie sind in jedem von uns angelegt. Je mehr wir sie entwickeln, um so mehr wird unsere Fähigkeit wachsen, anderen wirklich helfen zu können.

Wenn wir das ganz Ausmaß dessen begreifen, was Erleuchtung bedeutet, wird uns – selbst wenn unsere Motivation noch egozentrisch ist – klar, welches Glück sie uns verschaffen kann und welchen Mangel sie ausfüllt.

Man sollte nun über die Nachteile des Kreislaufs der Wiedergeburten nachdenken sowie über die Tatsache, daß auch der Frieden des Nirvāna noch nicht die äußerste Vervollkommnung darstellt. In der *Essenz des Mittleren Weges*[30] finden wir folgenden Vers:

> Er hat den Kreislauf der Wiedergeburten
> als nachteilig erkannt;
> darum hat er ihn hinter sich gelassen.
> Aus Liebe verweilt er nicht im Frieden des Nirvāna;
> der der Welt entsagt hat,
> lebt dennoch in ihr, um den Wesen zu dienen.

Der Weise verfängt sich nicht in Samsāra, weil er dessen Nachteile kennt. Aus Liebe und Mitgefühl verbleibt er aber auch nicht im Frieden des Nirvāna. Er sucht das absolute Nirvāna jenseits von Samsāra und Nirvāna, nachdem er die Unvollkommenheit dieser beiden Extreme entdeckt hat.

Es ist unbedingt notwendig, sich der Nachteile des Samsāra, des Kreislaufs der Wiedergeburten, bewußt zu werden, um die Entschlossenheit zu entwickeln, zur Erleuchtung zu gelangen. Damit es uns leichter fällt, uns von den scheinbaren Freuden des Lebens abzuwenden, sollten wir über das, was allgemein als Leiden bezeichnet wird, nachdenken: die Qualen, die die Wesen in den drei niederen Daseinsbereichen erdulden. Aus dieser Betrachtung wird das Verlangen in uns erweckt, sich aus diesen leidvollen Zuständen zu befreien. Einen Anfang machen wir, indem wir von allem Erfolgsstreben in unserem jetzigen Leben ablassen, um so nicht weiter weltliche Hoffnungen für die zukünftigen Existenzen zu nähren. In der Geistesschulung muß man schrittweise vorgehen.

Der echte Erleuchtungsgeist, so wie die begabtesten Wesen ihn entwickeln, ist tiefe, von Weisheit geprägte Herzensgüte. Herzensgüte bedeutet hier ein durch und durch gutes Herz, verbunden mit Weisheit. Ist das nicht etwas Erstaunliches? Wenn wir diese Güte besitzen, ist unser Geist friedlich, offen und klar. Allen Menschen, die wir treffen, fühlen wir uns verwandt, wir empfinden weder Unbehagen noch Fremdheit. Statt Angst und Unsicherheit verspüren wir Stärke und Mut, und wir sind fähig, mit jeder Situation konstruktiv umzugehen.

Im zweiten Vers erklärt Shāntideva, wie und warum er den *Eintritt in den Weg zum Erwachen* verfaßt hat:

2

Dem, was andere schon sagten,
kann ich nichts Neues hinzufügen;
zudem bin ich kein begabter Poet.
Ich gebe nicht vor, anderen von Nutzen zu sein:
Um meinen eigenen Geist zu üben,
habe ich dieses Werk verfaßt.

Shāntideva entwickelt also nicht seine eigenen, persönlichen Gedanken. Er erhellt lediglich den Sinn der Sūtras, indem er uns die Mittel und Wege zeigt, den Erleuchtungsgeist zu erwecken und weiter zu entwickeln. Man wird hier nichts finden, was den Worten des Buddha widerspricht.

Wenn er schreibt: «Dem, was andere schon gesagt haben, kann ich nichts Neues hinzufügen; zudem bin ich kein begabter Poet», will er damit jeden Gedanken an Hochmut unterbinden. Was er schreibt, würde weder dem, der Wissen ansammeln möchte, noch dem Liebhaber der Poesie etwas bringen. «Ich gebe nicht vor, anderen von Nutzen zu sein.» Er schrieb diese Lehren demnach nieder, um seine eigene Meditation zu fördern, aber diese Verse werden zweifellos allen, die es ihm gleichtun wollen, von Nutzen sein.

Der *Eintritt in den Weg zum Erwachen* besteht aus zehn Kapiteln. Das erste Kapitel ist eine Lobpreisung der unzähligen Vorzüge des Erleuchtungsgeistes. Um uns auf Bodhichitta vorzubereiten, müssen wir zunächst Verdienst ansammeln und unseren Geist läutern. Das zweite Kapitel ist deshalb dem Bekenntnis der eigenen Fehler gewidmet. Das dritte Kapitel behandelt das Annehmen des Erleuchtungsgeistes. In den ersten drei Kapiteln geht es also darum, uns zur Entwicklung des Erleuchtungsgeistes hinzuführen.

In den folgenden Kapiteln wird dann gelehrt, wie man durch die Übung der Sechs Vollkommenheiten Bodhichitta in die Tat umsetzt. Die erste Vollkommenheit, die der Freigebigkeit, wird durchgehend im ganzen Text gelehrt, deshalb ist ihr auch kein eigenes Kapitel gewidmet. Das Anwenden des Erleuchtungsgeistes, Bewußtheit und Wachsamkeit sind unentbehrlich, um ethisches Verhalten, die zweite Vollkommenheit, aufrechtzuerhalten. Das sechste bis neunte Kapitel ist jeweils einer der vier weiteren Vollkommenheiten zugeordnet: Geduld, Beharrlichkeit, Meditation und Weisheit. Der Text schließt ab mit dem zehnten Kapitel, der Darbringung des Verdienstes für das Wohlergehen aller Lebewesen.

In seinem Kommentar spricht Minjak Kunsang Sonam über die Parallele, die Patrul Rinpoche zieht zwischen der Gliederung des *Eintritt in den Weg zum Erwachen* und eines berühmten Verses, der die Praxis des Bodhichitta beschreibt:

Der kostbare Erleuchtungsgeist
möge in mir erweckt werden,
wenn er noch nicht erwacht ist,
möge nicht schwinden,
wenn er schon besteht,
sondern mehr und mehr zunehmen.

Der erste Punkt, das Erwecken des Erleuchtungsgeistes, entspricht den ersten drei Kapiteln, wobei «Lobpreisung des Erleuchtungsgeistes» und «Bekenntnis» als Vorbereitung auf das dritte Kapitel, «Annehmen des Erleuchtungsgeistes», dienen. Der zweite Punkt, wie das Schwinden des Erleuchtungsgeistes vermieden werden kann, wird in den drei Kapiteln beschrieben, die das «Anwenden des Erleuchtungsgeistes», «Wachheit» und «Geduld» behandeln. Der dritte Punkt, wie man Bodhichitta immer weiter entwickelt, indem man Weisheit und Methode vereint, wird in den Kapiteln über «Beharrliches Streben», «Meditation» und «Höchste Weisheit» eingehend erläutert. Das zehnte Kapitel ist die Widmung; durch sie wird alles Verdienst, das aus der Entwicklung des Erleuchtungsgeistes hervorgeht, unerschöpflich und ständig anwachsen.

Der vierte Vers des ersten Kapitels besagt:

4

Die günstigen Bedingungen
sind schwer zu erlangen;
einmal erlangt, ermöglichen sie,
das Ziel des Menschen zu erreichen.
Ergreife ich diese Gelegenheit nicht,
wie sollte sie sich jemals wieder bieten?

Um den altruistischen Erleuchtungsgeist, Hauptfaktor der Weisheit, zu entwickeln, benötigen wir Intelligenz, eine Reihe günstiger Bedingungen und vor allem die unvergleichlichen Möglichkeiten des Lebens als menschliche Wesen. Wir, die wir das große Glück haben, es zu besitzen, sollten unser Leben nicht vergeuden, sondern das kostbare Potential, das es uns bietet, voll ausnutzen.

5

Wie ein Blitz nur kurz die Nacht erhellt,
deren Finsternis die Wolken noch vertiefen,
so wendet der Mensch, von der Kraft der Buddhas bewegt,
für einen Augenblick seine Gedanken dem Guten zu.

6

Das Gute ist stets schwach,
die Macht des Bösen ist groß und furchterregend;
welche gute Kraft könnte sie bezwingen
außer dem Erleuchtungsgeist?

Negative Gedanken entstehen ohne Unterlaß und mit größter Leichtigkeit, heilsame Gedanken hingegen – wie Vertrauen in die Buddhas oder Mitgefühl für andere – nur selten. Das liegt daran, daß wir nicht daran gewöhnt sind und die meisten Situationen die Entwicklung positiver Gedanken nicht begünstigen. Sie sind so rar und doch so unentbehrlich für das volle Entfalten des Erleuchtungsgeistes! Achten wir also mit größter Sorgfalt auf sie!

Der Erleuchtungsgeist ist kostbar und unentbehrlich, um den Geist von den ihn trübenden Schleiern und Fehlern zu läutern, das Wohlergehen der Wesen zu erreichen und vorläufige Zufriedenheit und endgültige Glückseligkeit zu finden. Die Entwicklung des altruistischen Erleuchtungsgeistes ist eine Notwendigkeit, wenn wir die höheren Daseinsbereiche erlangen und uns und alle Lebewesen aus dem leidvollen Kreislauf der Wiedergeburten befreien wollen.

In dem Augenblick, da der Erleuchtungsgeist in einem Wesen erwacht, und sei es im elendsten Gefangenen des Samsāra, wird dieses zum Sohn oder zur Tochter der

Buddhas und damit zu einem Wesen, das der Verehrung der Götter und Menschen würdig ist. Derart grenzenlos und unermeßlich sind die Qualitäten des Erleuchtungsgeistes.

2. Das Bekenntnis der Fehler

In der buddhistischen Tradition gibt es eine klar definierte Schrittfolge für die Läuterung und Schulung des Geistes: Man schwächt die dominierenden negativen Eigenschaften, indem man die unterlegenen guten stärkt.

Āryadeva[31], der spirituelle Nachfolger des großen Nāgārjuna, sagt:

> Am Anfang beseitigt er das Übel.
> In der Mitte beseitigt er das Ich.
> Am Ende beseitigt er jede dualistische Vorstellung –
> so geht der Weise vor.

Der Weise, der in dieser Reihenfolge vorgeht, meistert die Geistesschulung. «Am Anfang beseitigt er das Übel.» Um zur Allwissenheit der Erleuchtung zu gelangen, die höchste Krönung der Buddhaschaft, benötigt er einen menschlichen Körper als Basis. Im Kreislauf der Wiedergeburten ist der Existenzbereich des Menschen der einzige, von dem aus diese allumfassende Erkenntnis erlangt werden kann. Eine menschliche Wiedergeburt kann jedoch nur erreichen, wer negative Handlungen vermeidet, denn diese führen zu den niederen Existenzbereichen.

«In der Mitte beseitigt er das Ich.» Nachdem der Weise

alle negativen Handlungsweisen aufgegeben hat, muß er die diesen zugrundeliegenden Ursachen bekämpfen – die Geistesgifte, die ihn beherrschen. Erst mit Hilfe der Weisheit, die erkennt, daß Phänomene keine ihnen innewohnende Existenz besitzen, kann er Wurzeln und Saat der Geistesgifte vernichten.

Wie die Lehrtradition Nāgārjunas und seiner Schüler erläutert, ist die Wurzel aller Geistesgifte Unwissenheit: der Glaube an eine wahre Existenz der Phänomene. Hierbei werden mehrere gröbere und subtile Aspekte unterschieden. Um sich von der Vorstellung zu lösen, daß Phänomene eine inhärente Existenz besitzen, muß zunächst der Glaube an das Individuum als eigenständige Entität aufgegeben werden. Geht man nicht in dieser Reihenfolge vor, kommt man nicht weiter. Wenn man zum Verständnis der Nichtexistenz der manifesten Aspekte eines Individuums gelangt ist, darf man dabei nicht stehenbleiben, sondern muß bis zur Wurzel vordringen, bis zum subtilsten Aspekt: dem Glauben an ein Ich.

«Am Ende beseitigt er jede dualistische Vorstellung» – denn Dualität stürzt ihn in Verwirrung. Es reicht nicht aus, die Geistesgifte zu beseitigen; man muß sich darüber hinaus auch von den trübenden Schleiern befreien, die die Weisheit verhüllen. Diese Schleier sind äußerst subtile Veranlagungen, entstanden durch die Geistesgifte und den Glauben an eine den Phänomenen innewohnende Existenz. Sie müssen durch die Anwendung von Gegenmitteln vernichtet werden, damit sich die Allwissenheit der Buddhaschaft enthüllen kann. Der Weg zu dieser Vollendung ist die Weisheit, die die Leere aller Phänomene in bezug auf inhärente Existenz erkennt und die Geistesgifte mitsamt ihren karmischen Spuren ausräumt.

Eine Form der Meditation besteht darin, mit Hilfe verschiedener Methoden und unter günstigen Bedingungen das Wesen der Leere zu erkennen, also die wahre Sicht mit absoluter Gewißheit zu gewinnen. Wenn diese außergewöhnliche Sicht der allgegenwärtigen Leere zudem von Mitgefühl durchdrungen und mit der Ansammlung von Verdienst verbunden ist, zerreißen die Schleier, die die Allwissenheit verhüllen.

Das Ziel der Meditation der absoluten Sicht liegt darin, die eigenen Geistesgifte samt deren Spuren zu beseitigen und damit indirekt die aller Wesen. Wenn dieses Ziel einmal erreicht ist, müssen alle Konzepte, auch das der Leere, zurückgelassen werden.

«So geht der Weise vor», der die verschiedenen Stufen des Weges kennt und ihre Reihenfolge peinlich genau einhält. Er meistert die grundlegenden Aspekte der Geistesschulung und versteht ihre innerste Essenz. Die vollständige Verwirklichung wird so möglich.

Es ist wichtig, die korrekte Art und Weise der Übung zu kennen und sich nicht mit einer vagen oder teilweisen Annäherung zufriedenzugeben. Im *Eintritt in den Weg zum Erwachen* finden wir eine klare und vollständige Darlegung der gesamten Praxis. Lassen Sie uns diesen Text mit der Motivation studieren, eines Tages fähig zu werden, die unendliche Zahl der Lebewesen, die alle einmal unsere Eltern waren, zur Erleuchtung zu führen.

Wenn uns das Wohlergehen der Lebewesen am Herzen liegt, müssen wir sie von Leid und Unwissenheit befreien und sie zur Erkenntnis der Leere führen. Das erfordert, daß wir diese selbst erfahren haben. Darum üben wir uns in der Meditation der Durchdringenden Einsicht, die auf Geistiger Ruhe basiert, und darin, beides mit Hilfe beharrlichen Strebens miteinander zu verbinden. Auf diese Weise schaffen wir günstige Bedingungen, um unser Denken dem Wohl der Lebewesen zuzuwenden und den relativen Erleuchtungsgeist zu entwickeln.

Meditation, die von altruistischem Erleuchtungsgeist

erfüllt ist und Geistige Ruhe und Durchdringende Einsicht vereint, ermöglicht es, den Wesen wirksam zu helfen.

Bevor wir das Bodhisattva-Gelübde ablegen, sollten wir die Kernpunkte des altruistischen Erleuchtungsgeistes kennen, sowie die Methode, ihn weiter zu entwikkeln. Wir rezitieren die «Darbringung in sieben Teilen»[32], und dann legen wir aus tiefstem Herzen das eigentliche Gelübde ab und versprechen, es niemals zurückzunehmen.

Die «Darbringung in sieben Teilen» beginnt mit folgender Ehrung:

1

Um den Erleuchtungsgeist zu erringen,
diesen kostbaren Edelstein,
erweise ich den Buddhas,
dem reinen Juwel der erhabenen Lehre
und den Buddha-Söhnen, dem Ozean von Verdienst,
meine Verehrung.

Danach die Opferung:

2–6

Alle Blumen und Früchte und aromatische Speisen,
alle Schätze der Welt,
reines Wasser von köstlichem Geschmack,
Berge aus kostbaren Edelsteinen,
bezaubernde Orte im Walde, geeignet zur Meditation,
Kletterpflanzen, von Blüten in Fülle bedeckt,
Bäume, gebeugt von der Last ihrer Früchte,
Düfte der Götter- und Menschenwelt,
Wunschbäume, Juwelenbäume,

lotosbedeckte Weiher, verzaubert von den Stimmen
der Schwäne,
wilde Kräuter und angepflanzte,
alle Schönheit in den unendlichen Weiten des Alls
und auch das, was niemandem gehört –
dies nehme ich im Geiste
und opfere es den Buddhas und ihren Söhnen.
Mögen sie es annehmen,
sie, die würdig sind der allerbesten Gaben,
auf daß sie, die Barmherzigen, voller Mitgefühl
für mich sind!

Wir opfern alles, was wir besitzen und alle Wunder des Universums, die niemandem gehören. Wir opfern mit Aufrichtigkeit unseren Körper, ob er uns vollkommen scheint oder nicht. Er gehört uns von nun an nicht mehr, und wir können ihn und unsere Rede nicht weiterhin dazu benutzen, negativ zu handeln. Dann opfern wir parfümierte Bäder, himmlische Gewänder, die feinsten Düfte, Wolken von Räucherwerk, Lobgesänge und vieles mehr.

Der Wert unserer Opfergaben ist nicht von ihrer Quantität abhängig, sondern von der Einstellung, mit der wir sie darbringen, und davon, von welcher Art sie sind. Letzteres bedeutet, daß sie rein sein müssen, wir sie also auf ehrliche Weise erworben haben. Unsere Einstellung muß von den acht weltlichen Anliegen unberührt sein; diese sind Gewinn und Verlust, Vergnügen und Schmerz, Lob und Kritik, Ruhm und Bedeutungslosigkeit.

Zu opfern, was niemandem gehört, heißt, sich im Geist alle Pracht unserer Erde, des Berges Meru[33], der anderen Welten und Kontinente, des gesamten Universums vorzustellen und dann zu opfern. Man könnte sich fragen, was es soll, Dinge zu opfern, zu denen man überhaupt keine persönliche Beziehung hat. Denken wir darüber etwas nach. Es heißt: «Die Verschiedenartigkeit der Welten ist das Resultat der Verschiedenartigkeit des Karma», und im *Eintritt in den Mittleren Weg*[34] steht:

> Die unendliche Vielfalt der Wesen und Welten
> ist Manifestation des Geistes;
> das Spiel des Karma
> bringt alle Wesen hervor.

Das Universum, in dem wir leben, und unsere gemeinsame Wahrnehmung desselben sind das Resultat unseres kollektiven Karma. In gleicher Weise wird die Beschaffenheit des Ortes, an dem wir wiedergeboren werden, von dem Karma bestimmt sein, das wir in diesem Leben anhäufen und das wir mit anderen Wesen gemeinsam haben, die sich dann ebenfalls dort befinden werden. Wir haben alle in gewisser Weise zur Entstehung des Kosmos beigetragen und sind somit ganz real mit dem Universum verbunden, das uns umgibt.

Nun folgt die Darbringung von Niederwerfungen:

24

> So viele Atome es gibt
> in den Reinen Ländern* der Buddhas,
> so viele Male will ich mich
> vor den Buddhas der drei Zeiten, vor der Lehre
> und der Erhabenen Gemeinschaft niederwerfen.

Niederwerfungen sind ein Gegenmittel gegen den Stolz. So wirft sich der spirituelle Lehrer vor dem Thron nieder, von dem aus er lehren wird, um sich vor Selbstgefälligkeit zu schützen. Ich möchte betonen, daß Stolz und Selbstvertrauen verschiedene Dinge sind und daß es wichtig

* Siehe Glossar

ist, sie von einander zu unterscheiden. Stolz ist nicht wünschenswert, während innere Gewißheit und die Kraft, die daraus entspringt, unentbehrlich sind.

Um sich nun auf das Bekenntnis vorzubereiten, nimmt man Zuflucht mit folgenden Worten:

26

Bis ich die Höchste Erleuchtung erreiche,
nehme ich Zuflucht zum Buddha;
ich nehme Zuflucht zur Lehre
und zur Gemeinschaft der Bodhisattvas.

Damit das Bekenntnis der Fehler und das Versprechen, niemals wieder auf Abwege zu geraten, wirksam sind, bedarf es der Vier Reinigenden Kräfte: Die Kraft des Rückhalts kommt in diesem Fall von den Drei Kostbarkeiten, in deren Gegenwart wir Zuflucht genommen und den Erleuchtungsgeist entwickelt haben. Die Kraft der Reue entsteht aus dem tiefen Bedauern, das wir empfinden, wenn wir uns unserer Fehler und ihrer schädlichen Auswirkungen bewußt werden. Die Kraft des Entschlusses ist das Versprechen, niemals wieder die gleichen Fehler zu begehen, und sei es um den Preis unseres Lebens. Diese drei Kräfte müssen durch die Kraft der Gegenmittel vervollständigt werden: Niederwerfungen, Mantra-Rezitation und alle anderen Übungen der Läuterung. All dies sollte ohne Verzögerung ausgeführt werden.

33

Den Tod schert nicht,
was wir bereits getan und noch zu tun haben.
Ob krank oder gesund, wir sollten ihm nicht trauen.
Unvermutet steht er vor uns.

34

Meine Freunde, meine Feinde –
immer und immer wieder waren sie der Anlaß,
das Unheilsame zu tun.
Daß ich eines Tages gehen
und alles zurücklassen muß,
erkannte ich nicht.

35

Die mir unangenehm sind, werden nicht mehr sein;
die mir lieb sind, werden nicht mehr sein;
ich selbst werde nicht mehr sein;
nichts wird mehr sein.

Nachdem wir uns der schädlichen Auswirkungen unserer Fehler bewußt geworden sind, meditieren wir über den Tod, damit unser Bekenntnis noch mehr Nachdruck bekommt. Daß wir eines Tages sterben müssen, wissen wir; das Wann und Wie kennen wir jedoch nicht. Und wenn der Tod dann zuschlägt, werden wir von der unwiderstehlichen Macht unserer eigenen früheren Taten fortgerissen.

38

Nur vorübergehend bin ich auf dieser Erde –
das sah ich nicht.
Verblendung, Begierde und Haß haben mich verleitet,
viele Fehler zu begehen.

Tiefes Nachdenken über den Tod wird uns dazu führen, unsere negativen Taten zu bereuen und den festen Entschluß zu fassen, Herr über unseren eigenen Geist zu werden, um nicht wieder in die gleichen Fehler zurückzufallen. Wir werden das Bekenntnis unserer Fehler nicht mehr weiter hinausschieben und so lange nicht zufrieden sein, bis sie vollständig bereinigt sind.

48

Von nun an suche ich Zuflucht
bei den mächtigen Wächtern der Welt,
den Siegreichen,
die sich um den Schutz der Welt bemühen
und die alle Ängste zerstreuen.

Die Buddhas haben die groben und subtilen Aspekte der vier negativen Kräfte besiegt: die «Dämonen» der Aggregate*, der Geistesgifte, des Todes und des Wohllebens. Der Sieger einer gewöhnlichen Schlacht benutzt die Vorteile, die ihm sein Sieg bringt, nicht immer zum Wohl seiner Nächsten. Der Buddha jedoch hat vom Annehmen des Erleuchtungsgeistes bis zum Eintreten in die vollkommene Buddhaschaft nie aufgehört, seine Anstrengungen und sein Mitgefühl dem Wohl der anderen zu widmen. Nachdem er den Sieg über die vier Kräfte des Bösen davongetragen hat, beschäftigte er sich ausschließlich damit, das Los der Lebewesen gemäß ihren verschiedenen Neigungen und spezifischen Bestrebungen zu erleichtern. Nehmen wir Zuflucht zu ihm, der alle Ängste zerstreuen kann, nehmen wir Zuflucht zur Lehre, die in seinem Herzen wohnt und alles Leid des Samsāra stillt, nehmen wir Zuflucht zur Gemeinschaft der Bodhisattvas!

In der Ehrung, mit der das *Kompendium der Logik*[35] beginnt, sagt Dignāga über den Erwachten, unsere Zuflucht:

* Siehe Glossar

Er wurde ein Vollendeter und weiß das Glück der Wesen zu verwirklichen. Ich verneige mich vor dem Buddha, dem zur Glückseligkeit Vorangeschrittenen, dem Beschützer.

Frei von jeder Angst, weiß er andere von Ängsten zu befreien. In sein Mitgefühl bezieht er alle Lebewesen ein – Freund und Feind; sein Wohlwollen gilt allen – denen, die ihn lieben, und denen, die ihm Böses wollen. Er ist Beschützer aller, die in dieser Welt leiden. Er ist also ein vollendetes Wesen. Ist er plötzlich dazu geworden, oder ist er in Ewigkeit so? Nein, wie Dignāga hervorhebt, ist auch er erst zu einem Buddha geworden, als alle Ursachen und Bedingungen dafür gegeben waren. Wie hat er gelernt, für das Wohl der Lebewesen zu wirken? Auch der Buddha war ein gewöhnlicher Mensch, der nach Glück verlangte und sich vor Unglück fürchtete. Kraft seiner eigenen Erfahrung erkannte er, daß alle Wesen die gleichen Hoffnungen und Ängste hegen. Von einem unermeßlichen Mitgefühl bewegt, gab er sich völlig der Aufgabe hin, das Leiden anderer zu stillen und sie zum vorläufigen und dem letztendlichen Glück zu führen.

Der einfache Wunsch, anderen zu helfen, reicht nicht aus, dies auch wirklich tun zu können. Manchmal kann dieser Wunsch sogar zu einer Art Besessenheit werden und unsere innere Unruhe noch vergrößern. Altruismus muß sich deshalb mit Weisheit verbinden. Erst wenn er von Unwissenheit befreit ist, entfaltet der Altruismus seine ganze Wirkung. Aufgrund dieser Verbindung von Weisheit und Erbarmen weiß der Buddha «das Glück der Lebewesen zu verwirklichen.» Mit dem Auge der Weisheit sieht er, wie man den Wesen helfen kann, sieht er, was ihre Qualen verursacht: die Unfähigkeit, ihren eigenen Geist zu meistern. Er sieht auch den Grund dafür:

Unwissenheit, das Festhalten an dem Glauben an eine wirkliche Existenz der Phänomene. Er sieht, welches Gegenmittel anzuwenden ist: die Erkenntnis der Leere. Er hat also eine vollkommen klare Sicht und ein vollendetes, meisterhaftes Wissen um die Mittel zur Bekämpfung der Ursachen des Leidens. Da er unfehlbar zeigen kann, was zu tun und was zu vermeiden ist, wird er Führer auf dem Weg genannt – «Der, der zeigt». Vor allem aber kann er den Lebewesen zur Erkenntnis der Leere verhelfen. Dazu führt er sie Schritt für Schritt auf dem Weg, der zum Verständnis der Vier Edlen Wahrheiten und ihrer sechzehn Unterteilungen[36] führt.

Ein Buddha sammelt die Lebewesen um sich, die noch nicht von der Lehre gehört haben, und führt sie zur spirituellen Reife und zur Befreiung. Um ihnen zur spirituellen Reife zu verhelfen, zeigt er, daß alles vergänglich ist, daß alles im Kreislauf der Wiedergeburten (*samsāra*) letztendlich Leiden bedeutet und daß die gewöhnliche Wahrnehmung irrig ist. Um sie zur Befreiung zu führen, macht er ihnen deutlich, daß keine dem Individuum und den Phänomenen innewohnende Existenz nachweisbar ist. Schließlich erweckt er in ihnen durch verschiedene Methoden die vollständige Erkenntnis der Leere und führt sie zur höchsten Befreiung, zur Allwissenheit der Buddhaschaft.

Der Buddha hat seine spirituellen Eigenschaften immer weiter entwickelt, indem er ohne Unterlaß die Weisheit, die die Unwirklichkeit der Dinge erkennt, vervollkommnet hat, bis die Erkenntnis der absoluten Wahrheit, in der sich jede dualistische Vorstellung auflöst, in ihm erwachte. So hat er alle Eigenschaften der dreifachen «Beseitigung» und dreifachen «Verwirklichung», von denen ich bereits gesprochen habe, manifestiert. Seine Fähigkeit, die Wesen von Leiden zu befreien und sie zu schützen, erwuchs aus seiner eigenen Erfahrung.

Trotzdem müssen wir seine Lehre genau überprüfen. Auch im täglichen Leben fassen wir nicht sofort Vertrauen zu jemandem, sondern sehen erst, ob er es verdient, indem wir den Wahrheitsgehalt seiner Worte prüfen und überlegen, ob sie von klarem Verstand zeugen. Ist der Buddha, der uns auf unserem Weg führt, unfehlbar? Wir werden es wissen, nachdem wir seine Worte überprüft haben.

Der Buddha hat seine Lehren auf zwei Ebenen gegeben: Als er das erste Mal das Rad der Lehre in Bewegung setzte, zeigte er, wie man zu den höheren Existenzbereichen gelangt. Im zweiten und dritten Lehrzyklus erklärt er, wie man die höchste Krönung der Buddhaschaft verwirklicht. Im *Sūtra über die Reise nach Lanka** ist von den Fünf Fahrzeugen die Rede: das Fahrzeug der Menschen und himmlischen Wesen, das von Brahmā, das der Hörer, das der Alleinverwirklicher und das der Bodhisattvas. Die ersten beiden Fahrzeuge gelten für Buddhisten und Nichtbuddhisten; die drei anderen nur für die buddhistische Tradition. Sie führen zur Befreiung vom Kreislauf der Wiedergeburten und zum letztendlichen Ziel, der Buddhaschaft.

In der *Abhandlung über die Logik* heißt es: «Ist der wichtigste Punkt getroffen, so ist alles übrige nebensächlich.» Widersprüche, die sich aus den Lehren über die relative Wahrheit ergeben könnten, sind zweitrangig, sofern nur der wesentliche Punkt ohne Fehl ist – der der Buddhaschaft. Der Buddha hat gesagt:

> Ihr Mönche, wie man Gold anfeilt, um seine Reinheit zu bestimmen, so sollt ihr aufmerksam meine Worte prüfen. Allein aus Ehrfurcht nimmt der Weise keine Lehre an.

* *Lankāvatāra-Sūtra*, Tohoku-Katalog 107

Wir dürfen also die Reden des Buddha nicht einfach annehmen, nur weil wir ihn respektieren, wir sollten sie vielmehr prüfen, um ihren Wahrheitsgehalt herauszufinden. Nur auf diese Weise bekommen wir die Gewißheit, daß sie wahr sind, und unser Glaube kann echt werden. Sicherlich nimmt der Glaube in der spirituellen Praxis einen wichtigen Platz ein, aber um sinnvoll zu sein, muß er auf vernünftigen Fundamenten beruhen. Deshalb sind auch die buddhistischen Schriften, insbesondere die des Mahāyāna, immer bestrebt, die Glaubwürdigkeit der Lehre aufzuzeigen.

In der *Abhandlung über die Logik* wird von zwei Aspekten der Frucht oder des Zieles gesprochen, dem manifesten und dem verborgenen Aspekt. Für uns gewöhnliche Wesen bleibt die Frucht der Buddhaschaft noch verborgen. Wenn wir sie realisieren wollen, ohne dabei auf Abwege zu geraten, müssen wir den Weg gehen, der Weisheit und Methode vereint, denn dieser Weg hat ein gesichertes Fundament und spiegelt das wahre Wesen der Dinge wider.

Die Lehre, daß Phänomene ohne eine wahre, ihnen innewohnende Existenz sind, kann auf verschiedene Weise übermittelt werden, je nach dem Erkenntnisgrad des Übenden. Diese Tatsache erklärt, warum sich innerhalb des Buddhismus vier philosophische Schulen entwickelt haben, die diese Lehren über das Wahre Wesen der Dinge (das Konzept der nicht-wirklichen Existenz der Phänomene) stufenweise auf immer subtilere Weise angehen. Diese vier Schulen (Vaibhāshika, Sautrantika, Chittamātra und Mādhyamaka) weisen jeweils wieder zahlreiche Verzweigungen auf.

All die verschiedenen Lehren des Hīnayāna und Mahāyāna hat der Buddha dargelegt, um der individuellen Aufnahmefähigkeit, Denkweise, inneren Stärke und Offenheit des Geistes seiner Schüler zu entsprechen.

3. Annehmen des Erleuchtungsgeistes

Das Kapitel über das Annehmen des altruistischen Erleuchtungsgeistes beginnt mit einer Lobpreisung der Geisteshaltung, die sich an den guten Eigenschaften und Tugenden anderer freut. Können wir diese Freude empfinden, dann haben wir automatisch an der kraftvollen positiven Energie teil, die von diesen Tugenden und guten Eigenschaften ausgeht. Die Freude über die gute Tat, die wir so vollbracht haben, ermutigt uns, in dieser Richtung weiterzuarbeiten. Mitfreude ist eine gute Gelegenheit, Verdienst zu vermehren.

Wenn wir hingegen mit jeder kleinsten guten Tat prahlen und eifersüchtig auf die der anderen schielen, zeugt dies von einer recht armseligen geistigen Einstellung. Alle heilsamen Handlungen sollten uns ein Grund zur Freude sein, ob sie nun von den Buddhas oder von den gewöhnlichen Wesen getan werden[37]:

1

Ich freue mich an den guten Taten aller Wesen,
dank derer sie den Leiden
an Orten der Qual entkommen;
mögen sie glücklich sein!

2

Ich freue mich, daß die Wesen Verdienst ansammeln,
denn dies ist die Ursache ihrer Erleuchtung;
ich bin glücklich, daß sie endgültige Befreiung
aus dem leidvollen Kreislauf der Wiedergeburt finden.

3

Ich freue mich an der Erleuchtung der Buddhas
und den verschiedenen Stufen
der Verwirklichung ihrer Söhne,
der Bodhisattvas.

4

Ich freue mich an heilsamen Gedanken,
tiefgründig und weit wie das Meer,
die auf das Glück der Wesen gerichtet sind,
und an den Taten, die ihr Wohl verwirklichen.

Nun folgt die Bitte an alle Buddhas, das Rad der Lehre in Bewegung zu setzen und nicht ins Nirvāna einzugehen, sowie das Widmen des Verdienstes:

5

Die Hände vor meinem Herzen zusammengelegt,
bitte ich die Buddhas aller Richtungen:
Zündet die Fackel des Dharma an,
um alle Verirrten zu retten,
die in die Abgründe des Leidens stürzen.

6

Die Hände vor meinem Herzen zusammengelegt,
beschwöre ich alle Buddhas,
die von uns gehen möchten:
Bleibt endlose Zeitalter bei uns,
damit die Welt nicht erblinde!

7

Möge ich
kraft des hieraus erworbenen Verdienstes
für alle Wesen
zum Retter aus ihren Leiden werden.

In diesem Kapitel behandeln wir nun das Annehmen des Erleuchtungsgeistes unter seinen zwei Aspekten «Absicht» und «Umsetzung».

22

So, wie die Buddhas vergangener Zeiten
den Vorsatz zur Erleuchtung faßten
und in der Übung
stufenweise voranschritten,

23

ebenso will ich den Erleuchtungsgeist
zum Wohl aller Wesen in mir erwecken
und auf dem stufenweisen Pfad üben,
wie sie es taten.

Unter *Absicht* versteht man den Wunsch, den Erleuchtungsgeist in so vollkommener Weise zu entwickeln, wie es die Buddhas und Bodhisattvas früherer Zeiten getan haben. Mit *Umsetzung* ist der Wunsch gemeint, ihr Werk weiterzuführen und zu vollenden. Dies beinhaltet den Willen, anderen Lebewesen zu helfen, diese Gelübde zu halten und Schritt für Schritt in richtiger Reihenfolge den Weg der Bodhisattvas zu gehen.

Heute legen wir den ersten Teil dieses Gelübdes ab, den «Erleuchtungsgeist der Absicht». Dafür werden wir den Text des zweiten und dritten Kapitels bis zur Hälfte des zweiundzwanzigsten Verses rezitieren, wobei es wichtig ist, sich auf die Bedeutung der Worte zu konzentrieren.

Zunächst stellen wir uns vor, daß der Meister der Lehre, der Buddha, vor uns im Raum anwesend ist. Er ist umgeben von den sieben Patriarchen, die nach ihm kamen, den Sechs Kleinodien Indiens, den Zwei Erhabenen Weisen[38] und Shāntideva selbst. Außerdem sind alle erhabenen Lehrer des Landes des Schnees, die Meister der Nyingma-, Kagyu-, Sakya- und Geluk-Schulen zugegen. Stellen wir uns darüber hinaus vor, daß alle Wesen des Universums um uns versammelt sind.

17

Möge ich der Beschützer der Verlassenen sein
und Führer der Wanderer;
möge ich Schiff, Boot oder Brücke sein
für jene, die ans andere Ufer gelangen wollen;

18

eine Insel denjenigen, die eine Insel suchen,
Lampe für die, die eine Lampe brauchen,
Bett für alle, die eines Bettes bedürfen,
Knecht derer, die einen Knecht brauchen.

19

Möge ich das Zauberjuwel, die große Schatzvase,
die magische Formel, die allheilende Pflanze,
der wunscherfüllende Baum,
die im Überfluß gebende Kuh sein!

20

So, wie die Erde und die anderen Elemente
den unzähligen Wesen,
die den unendlichen Raum erfüllen,
zu verschiedenstem Gebrauch dienen,

21

so möge ich in vielfacher Weise
den Wesen von Nutzen sein,
so lange,
bis alle befreit sind.

Berührt uns dieser letzte Vers nicht besonders tief? Die Erde, die Elemente sind die Basis für alle Lebewesen. Wie groß ist ihre Zahl? Ich weiß es nicht. Auf jeden Fall sind es sehr, sehr viele, und die Erde trägt jedes einzelne von ihnen! Nun denken wir: «Wie die Erde alle Wesen trägt, die die Unendlichkeit des Raumes bevölkern, werde auch ich es tun. Ich werde mich der Verwirklichung ihres Glücks widmen, bis sie alle Buddhaschaft erlangt haben.» Mit solch mutigem Vorsatz gewappnet, werden wir aus tiefstem Herzen das Gelübde ablegen, die Buddhaschaft zum Wohle aller Lebewesen zu verwirklichen, und geloben, es niemals aufzugeben.

Diejenigen unter Ihnen, die nicht Buddhisten sind, oder diejenigen, die meinen, dieses Gelübde nicht halten zu können, müssen es nicht ablegen. Denken Sie einfach: «Mögen alle Wesen Glück erfahren!» Wer dieses Gelübde ablegen möchte, sollte nun mit dem linken Knie den Boden berühren und die Hände vor dem Herzen zusammenlegen. Bitte wiederholen Sie jedesmal die Sätze, die ich dreimal auf tibetisch vorsprechen werde. Es handelt sich um die Worte des ersten Teils des zweiundzwanzigsten Verses, der mit den Worten «Spirituelle Meister, Ihr Siegreichen und Söhne der Sieger, hört mich an!» beginnt. Während ich dann über dieses Gelübde meditiere, betrachten Sie mich als eine Art Boten oder Vermittler, der Sie dem Buddha und seinem Gefolge vorstellt. Stellen Sie sich vor, daß alle Lebewesen des Universums zugegen sind, und lassen Sie tiefes Mitgefühl in sich entstehen. Denken Sie an die siegreichen Buddhas, und versuchen Sie, Hingabe und Verehrung zu empfinden. Mitgefühl und Hingabe vereinend, fühlen Sie den Wunsch: «Möge ich den Buddha-Zustand erlangen!», und sprechen Sie dann die Worte:

Spirituelle Meister,
Ihr Siegreichen und Söhne der Sieger,
hört mich an!
So, wie die Buddhas vergangener Zeiten
den Vorsatz zur Erleuchtung faßten
und in der Übung stufenweise voranschritten,
ebenso will ich den Erleuchtungsgeist
zum Wohl der Wesen in mir erwecken.

Wenn Sie diesen Vers zum drittenmal sprechen und zu der Stelle kommen «ebenso will ich den Erleuchtungsgeist zum Wohl der Wesen in mir erwecken», sollten Sie ganz von einer liebenden Güte durchdrungen sein, die aus dem Mark Ihrer Knochen, aus der Tiefe Ihres Herzens kommt. Fühlen Sie die Gewißheit, daß der altruistische Erleuchtungsgeist in Ihnen als ein unwiderrufliches Versprechen geweckt worden ist. Nun rezitieren Sie die restlichen Verse dieses Kapitels.

Von nun an lassen Sie uns versuchen, das Bodhisattva-Ideal zu verwirklichen und zu Menschen mit Herz zu werden. Es hätte nicht viel Sinn, uns liebevoll zu verhalten, solange wir uns in diesem Zelt befinden, wenn wir, sobald wir hinausgehen, anfangen zu streiten. Unsere eigene Zukunft hängt von unserem guten Herzen und der Reinheit unseres Geistes ab. Ich selbst versuche mein Bestes. Bitte tun Sie es auch. Wenn wir von Grund auf liebevoll und gut sind, werden wir selbst glücklich sein, und alles wird sich in die richtige Richtung entwickeln. Unsere guten Eigenschaften werden mehr und mehr zu einem Vorbild für andere. Es wäre wunderbar, wenn das gelingen würde. Es liegt bei uns, den Anfang zu machen.

Ich möchte Ihnen nun dafür danken, daß Sie mir mit so großer Aufmerksamkeit zugehört haben. Ich bemühe mich bei jeder Gelegenheit, den Erleuchtungsgeist zu entwickeln. Darin besteht meine eigene Übung, und ich ermutige auch immer andere, sich ihr zu widmen. Ich finde, dies ist eine Übung, die keinerlei Gefahren in sich birgt und eine wirkliche Quelle großen Heils und spürbaren Segens ist.

4. *Die Anwendung des Erleuchtungsgeistes*

Nachdem wir den altruistischen Erleuchtungsgeist angenommen haben, müssen wir darauf achten, daß er sich nicht wieder abschwächt. Wie dies geschieht, wird in den Kapiteln vier bis sieben erläutert.

Die Eigenschaften, die mit dem Erlangen der Buddhaschaft einhergehen – zum Beispiel die Zehn Kräfte und andere Fähigkeiten, die Ausdruck dieser Verwirklichung sind –, sind bereits in jedem von uns vollständig vorhanden; wir müssen sie nicht erst künstlich herbeiführen. Sie werden jedoch vorübergehend von trübenden Schleiern verhüllt, die aus den Geistesgiften, der Ichbezogenheit und dem irrigen Glauben an eine tatsächliche Existenz des Ich gebildet sind. Dies sind Faktoren, die schwerwiegende Folgen haben.

Wir müssen ständig vor Zorn und anderen negativen Gedanken auf der Hut sein, die nur darauf warten, unseren Geist zu besetzen. Dies sind die einzigen Feinde, die den altruistischen Erleuchtungsgeist wirklich schwächen können. Da wir sie in uns tragen, haben wir auch keinerlei Möglichkeit, vor ihnen zu flüchten. Das macht sie sehr viel gefährlicher als äußere Feinde, die, selbst wenn sie über Raketen verfügen, eine gewisse Zeit brauchen, bevor sie zuschlagen können – was uns wenigstens eine Chance läßt, ihnen zu entkommen.

Für jedes Geistesgift, ganz gleich, ob es auf Begierde oder auf Abneigung beruht, gibt es ein Gegenmittel. Wie wirksam dieses ist, hängt ganz von unserer Wachsamkeit und unserem Unterscheidungsvermögen ab. Immer, wenn wir uns anstrengen, Bewußtheit zu wahren, steigen automatisch vielerlei negative Gedanken in uns auf, die unsere Sammlung unterbrechen und unseren Geist stören. Das ist der Augenblick, unsere Wachsamkeit und Unterscheidungskraft zu verdoppeln. Auf diese Weise werden sich unsere Schwächen und unsere negativen Gedanken auf ganz natürliche Weise verringern.

Das vierte Kapitel, «Die Anwendung des Erleuchtungsgeistes», macht deutlich, welche Verantwortung wir für die Aufrechterhaltung des Erleuchtungsgeistes haben.

1

Nachdem er den Entschluß zur Erleuchtung
fest gefaßt hat, möge der Bodhisattva sich,
ohne jemals nachzulassen,
bemühen, die Regeln nie zu übertreten.

4

Wenn ich nun,
nachdem ich dieses Versprechen gegeben habe,
es nicht halte, und so die Wesen betrüge –
was soll dann aus mir werden?

Den Entschluß, den Erleuchtungsgeist zu entwickeln, haben wir aus freiem Willen gefaßt; niemand hat uns dazu genötigt. Wir haben die Buddhas und Bodhisattvas als

Zeugen herbeigerufen, um in ihrer Gegenwart das Versprechen abzulegen, für das Wohlergehen aller Lebewesen zu sorgen. Wenn wir dieser Verpflichtung nicht nachkommen, hintergehen wir die Buddhas – um es etwas unpassend auszudrücken – und mißachten ihre Lehren. Und mehr noch: Wir betrügen alle Lebewesen und zerstören ihr Glück. Das ist ein schwerwiegender Vertragsbruch!

Shāntideva zeigt im folgenden, wie durch stetes Bemühen verhindert wird, daß der Erleuchtungsgeist sich zurückentwickelt. Wir müssen all unsere Energien einsetzen, um unser Bestes geben zu können, bevor der Tod uns einholt. Zur Zeit erfreuen wir uns vielleicht guter Gesundheit, aber das Leben verrinnt in Windeseile, und eines steht fest: Der Tod wird kommen, wir müssen diese Welt wieder verlassen. Wir sollten unserem Leben einen Sinn geben und darauf achten, es nicht zu vergeuden. Welch ein bedauernswerter Fehler, unsere Meditationspraxis immer auf den morgigen Tag zu verschieben! Wir könnten höhere Anforderungen an uns stellen! Sicherlich haben wir den altruistischen Erleuchtungsgeist entwickelt – sind wir aber auch zu Menschen mit Herz geworden? Wir müssen also ständig unseren Geist prüfen!

Daß wir uns alle nach Glück sehnen und Schmerz vermeiden möchten, wissen wir. Bedauerlicherweise handeln wir aber in Widerspruch zu diesen Wünschen, weil wir nicht fähig sind zu unterscheiden, was vermieden und was angewendet werden muß. Außerdem sind die Geistesgifte derart potent, daß sie der Entwicklung der in uns angelegten Güte entgegenwirken. Wenn wir uns dieser Tatsache bewußt werden, können wir die Geistesgifte als unsere wahren Gegner identifizieren.

28

Begehren, Haß und die anderen Leidenschaften
sind Feinde ohne Hände und Füße;
sie sind nicht tapfer und nicht klug –
wie konnte ich nur ihr Sklave werden?

29

Im Versteck meines Herzens
schlagen sie nach ihrem Belieben zu,
und das stört mich nicht einmal.
Pfui, abwegig ist diese Art von Geduld!

32

Kein anderer Feind
hat ein solch langes Leben –
ohne Anfang, ohne Ende –
wie meine Feinde, die Geistesgifte.

Ein gewöhnlicher Feind, wie erbittert er auch sein mag, kann uns nur in diesem Leben schaden. Die Geistesgifte aber fügen uns schon seit undenkbaren Zeiten Schaden zu und sind daher weitaus mehr zu fürchten.

33

Der Mensch vergilt Gutes mit Gutem.
Die Geistesgifte aber halten für den, der ihnen dient,
nichts als Unglück bereit.

Es kommt manchmal vor, daß jemand, mit dem man verfeindet ist, später, wenn man sich ihm öffnet und seinem Wesen Verständnis entgegenbringt, sogar zu einem Freund wird. Für die Geistesgifte gilt das genaue Gegenteil. Je mehr sie toleriert werden, um so stärker werden sie, und um so mehr belästigen sie uns. Sie nisten sich im Haus unseres Geistes ein wie treue Freunde.

Solange Eifersucht, Haß und Stolz in uns wohnen, werden wir in der Außenwelt immer wieder mit Feinden konfrontiert sein. Heute triumphieren wir über sie, morgen tauchen neue auf – in endloser Folge. Selbst wenn wir vorübergehend vor dem geschützt sind, was die Geistesgifte auslöst, sind sie doch so fest in uns verwurzelt, daß kein dauerhaftes Glück möglich ist.

43

Ich will ein Krieger sein,
der mit seinem Haß
alle Leidenschaften verfolgt,
außer jener,
die Leidenschaften zu vernichten sucht.

Als Dharma-Übender hat man die Verpflichtung, den Kampf mit den negativen Emotionen aufzunehmen. Wer nach Glückseligkeit strebt, muß sich mit ihnen auseinandersetzen. Dieser Kampf wird zweifellos einige Prüfungen mit sich bringen, aber nimmt ein Krieger nicht Schmerzen in Kauf, um mit all seiner Kraft seine Gegner zu besiegen? Die sinnlosen Verletzungen, die sein Feind ihm zufügt, betrachtet er als Auszeichnung. Hat ein Dharma-Übender nicht wesentlich bessere Gründe, stolz auf Schwierigkeiten zu sein, die er in seinem Kampf bewältigt hat?

Ein besiegter Gegner kann an einem sicheren Ort Unterschlupf finden, neue Armeen aufstellen und erneut angreifen. Unsere Feinde, die Geistesgifte, finden keine solche Zufluchtsstätte. Einmal vernichtet, können sie von nirgendwoher wieder auftauchen. Um sie auszumerzen, bedarf es keiner so mächtigen Mittel wie Atomwaffen, denn in Wirklichkeit sind die Geistesgifte keineswegs so stark, wie sie scheinen. Es sind im Grund schwächliche Gegner, die von der Verwirrung profitieren, in die sie uns stürzen. Die Waffe der Weisheit, die das wahre Wesen aller Phänomene erkennt, vernichtet sie mit Leichtigkeit.

47

Die Geistesgifte verbergen sich nicht
in den Objekten noch in unseren Sinnen,
nicht dazwischen und auch nicht anderswo.
Wo haben sie sich eingerichtet,
um die ganze Welt zu quälen?
Sie sind nur Illusionen.
Darum, mein Geist, gib deine Ängste auf,
bemühe dich, Weisheit zu erlangen.
Warum ohne Grund sich in den Höllen quälen?

Analysieren wir einmal das Wesen der Geistesgifte! Anders als Lebewesen aus Fleisch und Blut haben sie in sich selbst nicht die Fähigkeit, Schaden anzurichten. Nehmen wir zum Beispiel den Haß. Er findet sich nicht im Objekt, das ihn hervorruft; er kann nicht im Subjekt, das ihn empfindet, lokalisiert werden; er ist nicht zwischen diesen beiden vorhanden. Der Haß bezieht seine Kraft aus einer Verkettung von Ursachen und Umständen, er hat keinerlei autonome Existenz. Haß ist nichts als ein Name, der einem Zusammentreffen von Faktoren gegeben wird; er hat kein Eigenleben. Er fügt uns jedoch insofern Schaden zu, als wir ihm, unter dem Einfluß geistiger Verwirrung, eine reale Existenz verleihen. Wenn wir ihn aber demaskieren, seine wahre Natur enthüllen, ist ihm damit nicht jede Macht genommen?

Negative Emotionen sind vergängliche Produkte einer Vielzahl von Ursachen. Sie tauchen nicht spontan auf, sondern werden durch einen Bewußtseinsmoment[39] ausgelöst, der ihrem Entstehen vorausgeht; dieser wiederum entsteht durch den Kontakt mit einem äußeren Objekt, sei es angenehm oder unangenehm. Sobald wir erkennen, daß – angefangen mit den Emotionen – alle äußeren und inneren Phänomene wie Träume oder Illusionen sind, ist der Mechanismus der Verwirrung entlarvt.

Um mit den Geistesgiften fertig zu werden, bedarf es keines Arsenals verschiedener Methoden – es genügt, ihre wahre Natur zu erkennen und zu sehen, daß sie auf nichts beruhen.

5. *Wachsamkeit*

I

Wer die Regeln einhalten will,
achte sorglich auf seinen Geist;
denn Disziplin zu bewahren ist unmöglich,
wenn der zum Abschweifen neigende Geist
nicht beherrscht wird.

Nachdem wir den altruistischen Erleuchtungsgeist entwickelt haben, werden wir nun die Regeln der Geistesschulung kennenlernen und bewußt zwischen dem, was getan, und dem, was vermieden werden soll, unterscheiden lernen. Außerdem sollten wir uns von nun an für all unsere Gedanken, Worte und Taten verantwortlich fühlen und sie ständig mit großer Wachsamkeit prüfen[40].

Dadurch, daß wir unsere Gedanken sorgfältig beobachten, sind wir in der Lage, die negativen Auswirkungen einer Tat bereits im gleichen Augenblick, in dem wir sie ausführen wollen, zu erkennen. Es ist also noch möglich, sich zurückzunehmen und das Gegenmittel anzuwenden, das uns davon abhält, diese Handlung auszuführen. Diese Wachsamkeit und Unterscheidungsfähigkeit müssen wir in unserer Geistesschulung und in unserem täglichen

Leben ständig aufrechterhalten. Wachsamkeit ist für die Entwicklung und Erhaltung des Erleuchtungsgeistes unentbehrlich.

Die Entwicklung des altruistischen Erleuchtungsgeistes ist ihrem Wesen nach eine Geistesschulung. Auch die Regeln der Mönchsdisziplin und die der Laien betreffen den Geist insofern, als sie lehren, auf die Einstellung, die jeder Handlung zugrunde liegt, zu achten. Ihre Aufgabe ist jedoch in erster Linie die Kontrolle und Verhinderung von physischem und verbalem Fehlverhalten.

Beim Bodhisattva-Weg und dem Weg des Diamantenen Fahrzeugs hingegen geht es hauptsächlich darum, den eigenen Geist zu meistern.

6

Denn alle Gefahren,
alle Leiden ohnegleichen,
entspringen einzig dem Geist,
so hat der Verkünder der Wahrheit gesagt.

Die grundlegende Disziplin des Bodhisattva besteht darin, alle eigennützigen Gedanken und jede Absicht, anderen zu schaden, aufzugeben. Wenn wir in erster Linie damit beschäftigt sind, unsere unmittelbaren und zukünftigen Interessen durchzusetzen, wird uns das Schicksal der anderen gleichgültig, und wir werden ihnen manchmal sogar Schaden zufügen. Natürlich haben all unsere Worte und Taten heilsame oder unheilsame Auswirkungen, letztlich ist jedoch die zugrundeliegende Geisteshaltung das Ausschlaggebende. Der Bodhisattva, der seinen Geist mit Hilfe der spirituellen Schulung gemeistert und Festigkeit und Tiefgründigkeit entwickelt hat, wird immer im Interesse der anderen handeln, selbst wenn es so aussieht, als würde er etwas Negatives tun.

Was immer wir in diesem oder im zukünftigen Leben an Leiden erdulden müssen, rührt von unserer Unfähigkeit her, den eigenen Geist zu meistern. Auch die Sechs Vollkommenheiten hängen von dieser Fähigkeit ab, den eigenen Geist zu meistern.

18

Meinen Geist muß ich überwachen und hüten,
denn welchen Nutzen haben andere Übungen,
solange nicht der Geist
in Zaum gehalten wird?

Wir sollten in jedem Augenblick wissen, was in unserem Geist vorgeht. Und selbst, wenn die Umstände das Aufsteigen negativer Emotionen begünstigen, sollten wir diese wilden Elefanten mit dem Haken der Wachsamkeit unter Kontrolle halten. Geschieht dies nicht, wandert unser Geist – selbst wenn wir uns an einen ruhigen Ort zurückgezogen haben – von Begierde und Haß getrieben in alle vier Himmelsrichtungen.

Wozu Bewußtheit und Wachsamkeit dienen, wird klar, wenn wir uns fragen, wie wir die geeigneten Gegenmittel zur Anwendung bringen könnten, wenn wir uns der negativen Gedanken, die unseren Geist durchziehen, nicht bewußt würden.

23

Alle, die ihren Geist hüten wollen,
bitte ich:
Haltet mit aller Kraft
Bewußtheit und Wachsamkeit aufrecht!

29

Möge Bewußtheit sich niemals
von der Pforte unseres Geistes entfernen.
Wenn sie sich entfernt, bringt sie zurück,
indem ihr der Qualen in den Höllen eingedenk seid.

Die Angst, die man beim Gedanken an die Leiden in den niederen Daseinsbereichen und die Qualen verstörender Emotionen empfindet, hilft uns, positives Handeln zu schätzen und wachsam zu sein.

30

Glücklich ist, wer mit Ehrfurcht und Respekt
den Anleitungen seiner spirituellen Lehrer folgt.
In Gegenwart des Meisters ist es leicht,
Bewußtheit zu bewahren.

31

«Der Blick der Buddhas
und Bodhisattvas ist überall,
alles ist ihnen gegenwärtig,
so auch ich.»

32

Dessen eingedenk,
will ich mich bescheiden,
demütig und ehrfürchtig verhalten
und jeden Augenblick mich ihrer erinnern.

Diese letzten Verse zeigen, wie Wachsamkeit entwickelt werden kann, indem man einem spirituellen Meister folgt und bedenkt, daß man sich ständig in der Gegenwart der Buddhas befindet. Wenn wir unseren Geist beherrschen, so daß er nicht mehr abgelenkt werden kann, und wir dadurch nicht mehr vergessen, was getan und was vermieden werden sollte, dann ist Wachsamkeit tatsächlich ein Teil unseres Wesens geworden.

33

Wenn Bewußtheit die Pforte unseres Geistes hütet,
gesellt sich Wachsamkeit hinzu,
und selbst, wenn sie sich zeitweilig entfernt,
kehrt sie zurück.

Mit Hilfe der Bewußtheit können wir die ständige Überprüfung unserer Gedanken und Handlungen aufrechterhalten.

Es ist wichtig, die Bedeutung der Regeln immer im Verhältnis zu den Erfordernissen der Situation einzuschätzen. Wenn die Notwendigkeit besteht, ist es erlaubt und machmal sogar ratsam, eine normalerweise verbotene Handlung auszuführen. Andererseits kann man eine sonst wünschenswerte Handlung unterlassen, wenn sie den Umständen, der Zeit und Kultur nicht entspricht. Aus diesem Grunde werden im Sittenkodex zunächst die Regeln dargelegt, und dann wird erklärt, unter welchen Umständen diese aufgehoben werden und es sogar angebracht sein kann, gegenteilig zu handeln. Wir müssen also jede Situation selbst beurteilen und uns für die jeweils richtige Handlungsweise entscheiden. Wenn etwa ein Jäger uns fragt, ob wir gesehen haben, wohin seine Beute geflüchtet ist, wäre es wichtiger, das Leben des Tieres zu schützen als dem Gelübde, nicht zu lügen, Folge zu leisten.

Was immer wir tun, wir sollten uns stets unserer

Körperhaltung, der Art und Weise, wie wir gehen, sitzen, essen und so weiter, bewußt sein. Ist unser Verhalten angemessen? Zu jedem Zeitpunkt sollten wir unsere Unterscheidungsfähigkeit nutzen und den Geist ständig auf das Heilsame richten oder – wenn das nicht möglich ist – zumindest neutral sein und keinen einzigen negativen Gedanken zulassen.

Wachsamkeit ist außerdem besonders dann nötig, wenn wir die Konzentration auf ein einzelnes Objekt üben, denn nur, wenn man achtsam bleibt, wird die Konzentration auf dieses bestimmte Objekt gerichtet bleiben, ohne auf ein anderes abzuschweifen – auch wenn dieses einen positiven oder neutralen Charakter haben sollte.

Wer sich in meditativer Konzentration übt, darf diese nur für kurze Zeit und nur unter besonderen Umständen unterbrechen. Erlaubt ist: an Zeremonien teilzunehmen, die zum Wohle anderer abgehalten werden; einen Akt der Freigebigkeit auszuführen; sein Leben zu schützen, wenn es in Gefahr ist; Lehren zu übermitteln und dadurch die Ansammlung von Verdienst für sich und andere zu begünstigen. Die Übung des Altruismus erfordert die Anwendung ganz verschiedenartiger Methoden – Meditation allein reicht nicht aus. Wenn man etwa im Begriff ist, einen Fehler zu begehen, muß man seinen Geist, seine Worte und Handlungen zurückhalten und unbeweglich wie ein Stück Holz verharren.

Was auch immer unsere Übung ist – um ohne Mißverständnisse den Sinn und die verschiedenen Bedingungen der Geistesschulung zu erfassen, ist es wichtig, unsere Zweifel zu klären. Beweisen wir Entschlossenheit und einen offenen Geist, Klarheit, Enthusiasmus und Überzeugung in unserer Hingabe, Ausgewogenheit und Standfestigkeit in unserem Denken und Handeln!

Halten wir alle Regeln des Geistestrainings ein! Schließen wir keine Kompromisse mit unserem Gewissen! Bedenken wir das Urteil derer, die wir respektieren, und die Konsequenzen unseres Verhaltens!

Wenn wir uns derart gemeistert haben, wenden wir uns dem Wohl der anderen zu.

56, 57

Niemals verärgert über die widersprüchlichen Begierden
unverständiger Menschen,
sondern voll Mitgefühl für sie,
die unter dem Einfluß der Geistesgifte handeln,
möge ich stets untadelig
zu meinem Wohl und dem ihren handeln,
begreifend, daß das Ich, einer Illusion gleich,
keine Wirklichkeit hat –
auf diese Weise hüte ich meinen Geist.

Wenn hier von unverständigen, unreifen Wesen die Rede ist, sind damit gewöhnliche Menschen gemeint, die sich – im Vergleich zu den Verwirklichten – unvernünftig wie Kinder verhalten. Ihre Gesellschaft ist uns abträglich, und wir können ihnen nie das geben, was sie wollen. Ohne ihren Launen nachzugeben oder von ihrer Unreife entmutigt zu werden, sollten wir verstehen, daß sie unter dem Einfluß der Geistesgifte handeln, und nur Zuneigung und Mitgefühl für sie empfinden.

Machen wir das Wohl der anderen zu unserem Hauptanliegen, wirken wir an der Erfüllung ihrer Hoffnungen mit, vermeiden wir schädigende Handlungen und das Übertreten der Regeln, die uns von Buddha gegeben wurden! Wir sollten begreifen, daß die Konzepte Subjekt, Objekt und Handlung keine inhärente Existenz haben – sie gleichen Illusionen.

Unser jetziges Leben als menschliches Wesen ist etwas sehr Kostbares, ein einzigartiger, günstiger Augenblick, nach langem Umherirren erlangt. Wenn wir den Erleuchtungsgeist jetzt nicht entwickeln, wann dann? Niemals werden wir bessere Bedingungen dafür finden als jetzt. Daran sollten wir immer denken! Unsere Entschlossenheit, Bodhichitta zu üben, andere mehr als sich selbst zu schätzen, muß voller Begeisterung und so unerschütterlich sein wie der Berg Meru.

Im folgenden prangert Shāntideva nun unser übertriebenes Haften an den Körper an, das unsere Geistesschulung behindert.

61

Du Narr! Eine saubere hölzerne Puppe
hältst du nicht für dein Ich.
Diesen Mechanismus jedoch,
zusammengesetzt aus unreinen Teilen,
der zur Verwesung bestimmt ist,
ihn hütest du!

62

Mit deinem Denken löse zuerst
die Schichten der Haut ab;
mit dem Messer der Untersuchung
trenne das Fleisch vom Skelett.

63

Zerbrich selbst die Knochen
und prüfe das Mark darin; dann frage dich:
Was darin ist die Essenz?

64

Selbst wenn du mit solcher Sorgfalt suchst, findest du
keine Essenz.
Jetzt sage mir: Warum willst du
weiterhin deinen Körper schützen?

Ständig beschäftigen wir uns mit unserem Körper. Der Tag beginnt, wir waschen ihn, wir nähren ihn, Stunde um Stunde – unser ganzes Leben verbringen wir damit, ihn zu pflegen, um schließlich zu seinem Sklaven zu werden. Darin aber liegt nicht der Sinn unseres Lebens. Der Körper ist nichts als ein Instrument für die Intelligenz, die den Menschen auszeichnet und seine spirituelle Entwicklung ermöglicht. Ein Handwerker, der eine Vorauszahlung angenommen hat, verpflichtet sich, die Arbeit auszuführen. So hat auch unser Körper, den wir seit so langer Zeit ernährt haben, die Pflicht, uns nützlich und gehorsam zu sein. Wir sollten ihn nur mit dem einen Ziel versorgen, auf dieser Grundlage eine positive Geisteshaltung entwickeln zu können.

70

Den Körper betrachte als Boot,
das Kommen und Gehen ermöglicht,
heiße ihn nach deinem Willen kommen und gehen,
um die Lebewesen an ihr Ziel zu bringen.

Die Intelligenz, deren Basis dieser unreine Körper ist, sollten wir dafür nutzen, das Wohlergehen aller Lebewesen zu erreichen. Durch die Geistesschulung werden wir eine uns noch unbekannte Ebene der Verwirklichung erfahren, die Verwirklichung der allwissenden Buddhas, in der Methode und Weisheit vereint sind. Wir werden den Form-Körper eines Buddhas erlangen, dieses wunscherfüllende Juwel, das reine, vollkommene Harmonie ist.

71

Herr über sich selbst,
zeige er stets ein Lächeln
und nicht ein ärgerliches Runzeln der Stirn;
aller Welt sei er ein Freund.

Der wahrhaft Übende läßt sich weder von inneren noch von äußeren Dingen unter Druck setzen. Er weiß, wie er für alle Wesen, ebenso wie für sich selbst, temporäres und endgültiges Wohl bewirken kann. Er ist unabhängig und furchtlos, sein Gewissen ist niemals mehr beunruhigt. Da er nirgendwo einen Anlaß sieht, sich zu streiten, kennt er keine Feindseligkeit und bewahrt so stets sein freundliches Lächeln und seine Offenheit. Er macht sich jeden zum Freund, seine Worte sind aufrichtig und wohltuend.

Versuchen wir, immer bescheiden und zurückhaltend zu sein, uns unauffällig, ohne Arroganz zu bewegen. Der Geist anderer darf durch uns nicht beunruhigt werden, und wir sollten niemals Anlaß zu einer negativen Handlung geben. Mit allen gut Freund zu sein ist eine wunderbare Sache! Dadurch, daß wir selbst von heilsamen Gedanken erfüllt sind, inspirieren wir auch andere zum Positiven.

Wenn jemand uns einen klugen Rat erteilt, kann es vorkommen, daß wir denken: Was mischt der sich in meine Angelegenheiten ein? Welche Frechheit! Dabei wäre es besser, ihm zuzuhören und etwas von ihm lernen zu wollen. Vernünftige Ratschläge sollten wir nicht aus einer Laune heraus zurückweisen. Freuen wir uns doch, daß jemand etwas Gutes tun will, und ermutigen wir ihn, indem wir ihn dafür loben. Sollten wir jedoch befürchten, dadurch bei ihm in den Verdacht zu geraten, ein Schmeichler zu sein oder seinen Hochmut zu wecken, loben wir seine guten Eigenschaften einfach in seiner Abwesenheit. Wenn jemand öffentlich ein verdientes Lob erhält, schließen wir uns dem freudig an. Für den Fall, daß wir selbst gelobt werden, betrachten wir dies als ein Lob, das der Tugend selbst gilt, und als einen Beweis dafür, daß der, der es ausspricht, ihren Wert schätzt. Wir sollten uns durch nichts zu Hochmut und Selbstgefälligkeit verleiten lassen.

Sich über die Verdienste anderer zu freuen, ist das einfachste Mittel, eine große innere Freude, die von keinerlei Negativität getrübt wird, zu entwickeln. In diesem Leben verlieren wir dadurch nichts, und für die folgenden gewinnen wir auf diese Weise Glück. Haß dagegen verursacht sofort die Qualen der Unzufriedenheit und für zukünftige Leben die schlimmsten Leiden.

Macht jemand eine kritische Bemerkung über uns, ärgern wir uns. Werden die guten Eigenschaften anderer gelobt, sind wir eifersüchtig. Gilt das Lob uns selbst, platzen wir vor Stolz. Wohin soll das führen? Wenn wir jetzt bereits unsympathisch und unerträglich sind und keiner uns wirklich zum Freund haben will, was können wir uns dann von zukünftigen Leben erhoffen?

Unsere Worte sollten immer korrekt, klar und angenehm zu hören sein, voll Mitgefühl und in sanftem, ruhigem Ton gesprochen. Begegnen wir allen Lebewesen stets mit Liebe, indem wir denken: «Dank ihrer wird mir die Buddhaschaft zuteil werden.»

Worin liegt das größte Verdienst? Es besteht darin, allen Situationen mit einer großen inneren Stärke zu begegnen, die Gegenmittel zu Begierde, Haß und Unwissenheit anzuwenden, unseren wohlmeinenden Eltern, Kranken, alten Menschen und all jenen, die leiden und bedürftig sind, Dienst zu erweisen. Wir müssen selbst die Initiative ergreifen, etwas Verdienstvolles zu tun, es genügt nicht, sich nur auf indirekte Weise an den positiven Handlungen anderer zu beteiligen.

Die Sechs Vollkommenheiten, von der Freigebigkeit bis zur Höchsten Weisheit, sind wichtige Etappen, die wir in der Geistesschulung durchlaufen müssen. Auf jeder Stufe entfalten sich unsere guten Eigenschaften weiter. Im Laufe dieser Übung darf das große Ziel – das Wohlergehen anderer – nie zugunsten des kleinen Ziels – unserem eigenen Nutzen – geopfert werden.

84

Dies bedenkend, soll er sich mit viel Energie
der Aufgabe, anderen zu helfen, widmen.
Selbst Verbotenes ist dem zu tun erlaubt,
der in seinem Mitgefühl
alles sehen kann, was zu tun gut ist.

Im Licht seiner Weisheit, das selbst die fernste Zukunft erhellt, erlaubt der Buddha einigen Wesen, was er anderen verbietet. Den Bodhisattvas, denen das Wohlergehen anderer am Herzen liegt und die Mitgefühl mit Weisheit verbinden, erlaubt er, was gewöhnlichen Wesen verboten ist.

85

Nachdem er mit den Frommen, den Schwachen
und den Tieren alles geteilt hat,
esse er maßvoll und gebe alles auf,
bis auf seine drei Mönchsgewänder.

Dieser Vers richtet sich an Mönche und Nonnen, die

nichts als ihre drei Roben besitzen dürfen. Alles andere, Kleidungsstücke und sonstiges Überflüssige sollten sie an Bedürftige weitergeben oder, wenn sie sie benutzen, als vorübergehende Leihgaben betrachten. Um die eigene Geistesschulung vorantreiben zu können, ist man jedoch auf seinen Körper angewiesen. Es wäre deshalb absurd, ihn ohne triftigen Grund schlecht zu behandeln. Ist es nicht besser, ihn zu nutzen, um die Wünsche und Hoffnungen der Wesen zu befriedigen?

87

Bis sein Mitgefühl nicht vollkommen rein ist,
opfere er sein Leben nicht,
sondern widme es dem hohen Ziel:
dem Guten in diesem Leben und in den künftigen.

Wie es Shāntideva in seinem *Kompendium der Lehrreden** präzisiert hat: Solange Mitgefühl und die Verwirklichung des Verständnisses der Leere nicht vollkommen sind, ist es sinnlos und unangebracht, unser Leben hinzugeben, wie es die großen Bodhisattvas tun. Wir können dieses Opfer im Geist bringen, nicht aber in Realität. Erst von dem Tag an, da unsere Motivation vollkommen rein und altruistisch geworden ist, wird es nicht nur richtig, sondern sogar wünschenswert, unseren Körper, unseren Besitz und unser Verdienst als Opfer hinzugeben.

Im weiteren Text werden nun Anweisungen gegeben, wie man sich in den geläufigsten Situationen des alltäglichen Lebens richtig verhält. So sollten wir uns zum Beispiel, bevor wir einschlafen, auf die rechte Seite legen – die Körperhaltung, in der der Buddha ins Nirvana einging –, bereit, uns bald wieder zu erheben.

* Shikshāsamuchchaya, Tohoku-Katalog 3939

97

Die dem Bodhisattva vorgeschriebenen Übungen
sind unzählig. Auf welche aber
sollte er den größten Eifer verwenden?
Auf die Läuterung des Geistes.

Auf diese Übung sollte der größte Wert gelegt werden. Wer eine Regel übertreten hat, für den gilt folgendes:

98

Dreimal am Tag und dreimal in der Nacht soll er
das *Sūtra in drei Teilen*[41] rezitieren.
Hierdurch löscht er in sich
die letzten Spuren übler Taten,
denn er stützt sich dabei
auf die Siegreichen und den Erleuchtungsgeist.

Jedes Lebewesen hat eine eigene Art und seine eigenen Bestrebungen. Um allen zu helfen, muß man viele verschiedene Methoden anwenden. Wer besonders geschickt mit den «Geeigneten Methoden» umgehen kann, sammelt unermeßliches Verdienst an. Daher sagt Shāntideva:

100

Es gibt nichts,
was ein Bodhisattva nicht lernen sollte;
und für den, der sich so schult,
gibt es nichts, was nicht verdienstvoll wäre.

101

Einzig im direkten oder indirekten Interesse
der Wesen soll er handeln,
und für sie allein widme er
sein Verdienst der Erleuchtung.

Die Anleitungen eines qualifizierten Lehrers sind für eine erfolgreiche Schulung des Geistes unerläßlich. Über welche Eigenschaften sollte der spirituelle Lehrer verfügen? Er muß nicht nur die Lehren des Mahāyāna gemeistert, sondern auch so praktiziert haben, daß er selbst zu einem lebenden Beispiel der Lehren geworden ist. Sein Wissen muß mit einer wahren spirituellen Verwirklichung verbunden sein. Ein solcher Meister ist sehr kostbar. Wir sollten ihn niemals, auch nicht um den Preis unseres Lebens, aufgeben und lernen, wie man sich in seiner Gegenwart verhält.

Ver sein Verständnis der Regeln, die im *Eintritt in den Weg zum Erwachen* niedergelegt sind, vertiefen möchte, kann in den Sūtras, den Aufzeichnungen der Reden des Buddha, nachschlagen. Auch das *Kompendium der Lehrreden* wird oft zu Rate gezogen (ein Werk, das Shāntideva vor dem *Eintritt in den Weg zum Erwachen* verfaßt hat). Aus den zahlreichen Schriften wählten die Gelehrten der Kadampa-Schule[42] für ihre umfassenden Studien besonders sechs Abhandlungen: *Die Bodhisattva-Stufen*, *Das Schmuckstück der Sūtras*, *Das Kompendium der Lehrreden*, *Der Eintritt in den Weg zum Erwachen*, *Frühere Leben des Buddha* und *Spontane Ratschläge*[43].

Es wäre nützlich, sich die Zeit zu nehmen, die originalen Sanskrit-Texte des *Kompendium der Lehrreden* und des *Eintritt in den Weg zum Erwachen* zu studieren. Diese beiden Texte ergänzen sich. Wenn in dem einen gewisse Punkte sehr knapp abgehandelt werden, findet man im allgemeinen im anderen Text ausführlichere Erklärungen dazu. Wem die Zeit dazu fehlt, das *Kompendium der Lehrreden* zu studieren, dem rät Shāntideva, die verkürzte Fassung, das *Kompendium der Sūtras*[44], zu lesen. Einige Gelehrte sind der Auffassung, daß dieser Text ins Tibetische übersetzt wurde, aber wir konnten ihn bisher nicht ausfindig machen. Man kann auch das von Nāgārjuna verfaßte *Kompendium der Sūtras* studieren. Hier erfahren wir, was mit richtigem Verhalten gemeint ist und wie wir das ständige Denken an die Lebewesen in uns wachhalten können.

108

Der fortwährend prüfende Blick
auf den Zustand von Körper und Geist –
dies ist es,
was Wachsamkeit ausmacht.

109

Also will ich durch meine Taten
die Lehre verkünden. Was nützt es,
nur Worte herzusagen? Heilt etwa den Kranken
das Lesen medizinischer Bücher?

6. Geduld

In diesem Kapitel geht es um Geduld, einen der wichtigsten Aspekte der Bodhisattva-Schulung. Geduld und Meditation, die im achten Kapitel erläutert werden, spielen eine Schlüsselrolle in der Entwicklung des altruistischen Erleuchtungsgeistes. Diese Lehren wirklich zu praktizieren, ist von besonderer Wirksamkeit.

1

Alles Verdienst, das ich durch Freigebigkeit,
Verehrung der Buddhas und andere gute Taten
in Tausenden von Zeitaltern angesammelt habe,
ein Augenblick des Hasses macht es zunichte.

2

Kein Laster ist schwerwiegender als Haß,
keine Tugend wertvoller als die Geduld.
Darum muß ich mich erst anstrengen,
durch Anwendung verschiedener Methoden Geduld zu entwickeln.

Die destruktive Kraft des Hasses ist sehr stark; alles Positive, alles Verdienst, das durch Freigebigkeit und andere Tugenden angesammelt wurde, kann durch Haß restlos vernichtet werden. Das einzigartige Gegenmittel für dieses Übel ist die Geduld. Geduld kann dem Einfluß von Haß und Wut widerstehen und das Feuer der lodernden Emotionen kühlen. Sich in Geduld zu üben, ist daher ausgesprochen wichtig, und wenn wir uns über die Wirkung von Haß und die von Geduld klarwerden, wird uns dies dazu inspirieren, es mit Entschlossenheit und Ausdauer zu tun.

Im *Eintritt in den Mittleren Weg* heißt es: «Wer einen Bodhisattva angreift, der zerstört damit alles Verdienst, das er durch Freigebigkeit und anderes tugendhaftes Verhalten durch Tausende von Zeitzyklen angesammelt hat. Nichts ist so schädlich wie ein Mangel an Geduld.»

Das Verdienst, von dem hier die Rede ist, ist jenes, das man durch das Ausüben der gewöhnlichen Tugenden ansammelt. Es handelt sich also nicht um jenes Verdienst, das die Erkenntnis der Leere mit sich bringt. Dieses kann selbst die Kraft des Hasses nicht mehr auslöschen, da eine Emotion eines niederen Bewußtseinszustandes nicht ein in einem höheren Bewußtseinszustand erlangtes spirituelles Verdienst zerstören kann. Haß kann außerdem nichts mehr ausrichten gegen Verdienst, das durch die vollkommene Integration der Tugenden Freigebigkeit, ethisches Verhalten und Geduld entsteht. Der innere Frieden, der daraus resultiert, wird nicht mehr von den verstörenden Emotionen, die für die gewöhnlichen Wesen des Samsāra[45] charakteristisch sind, angegriffen. Man unterscheidet also zweierlei unzerstörbares Verdienst: jenes, das aus der Erkenntnis der Leere herrührt, und das der spirituellen Eigenschaften, die durch Meditation entstehen. Alle anderen Resultate positiven Handelns können durch Haß zerstört werden. Ob sie ganz vernichtet oder nur abgeschwächt werden, hängt von der Intensität des Hasses und dem Ausmaß des angesammelten Verdienstes ab.

Es ist nicht einfach, Verdienst anzusammeln, denn positives Handeln ist in dieser Welt nichts Selbstverständliches. Wir werden von den negativen Emotionen beherrscht und leicht von ungünstigen äußeren Umständen beeinflußt. Wenn man ständig einer Invasion negativer Gedanken ausgesetzt ist, fällt es schwer, ein reines Herz zu entwickeln. Selbst wenn es uns gelingt, eine gute Tat auszuführen, sind nur selten alle drei Aspekte – Motivation, Ausführung und Widmung des daraus resultierenden Verdienstes – wirklich rein. Gibt es von einer Sache reichlich, ist ein kleiner Verlust leicht zu verschmerzen. Je rarer etwas jedoch ist, um so mehr sollten wir darauf achten, daß es erhalten wird. Es ist ein unermeßlicher Verlust, wenn die wenigen, so mühsam angesammelten Verdienste in einem einzigen Augenblick des Hasses zerstört werden!

3

Wer den Stachel des Hasses im Herzen trägt,
findet keinen inneren Frieden,
kennt keine wirkliche Freude und kein
Wohlergehen.
Er findet weder Schlaf noch Ausgeglichenheit.

Haß ist ein Pfeil, der den Geist zerfleischt und die Freude vertreibt. Unter seinem Einfluß wird aus den harmonischsten Gesichtszügen eine häßliche Grimasse. Die Gemütsruhe, aber auch das physische Gleichgewicht werden durch ihn angegriffen: Wir finden keinen Schlaf mehr, verlieren den Appetit und altern vorzeitig. Selbst wenn wir normalerweise gutmütig sind, verändert sich unsere Persönlichkeit unter dem Einfluß von Haß. Wir werden unfähig, die Güte anderer zu schätzen, und empfinden selbst gegen die Menschen Mißtrauen, die uns viel geholfen haben. So schaden wir uns selbst und anderen, statt den Haß als Ursache allen Übels zu erkennen und alles daran zu setzen, ihn auszumerzen. Gelingt uns dies, werden wir in diesem und in zukünftigen Leben Glück erlangen.

6

Wer aber den wahren Feind, den Haß,
als Ursache allen Übels erkennt
und ihn entschlossen zu vernichten sucht,
wird in diesem und in kommenden Leben glücklich sein.

7

Wenn sich Befürchtungen bewahrheiten oder mein Ehrgeiz
unerfüllt bleibt, entsteht Unzufriedenheit,
eine gefundene Beute für den Haß.
Dadurch gestärkt, kann er mich zugrunde richten.

8

Darum will ich zerstören,
was diesen Feind stärkt,
denn er hat nur eine Absicht:
mich zu vernichten.

Wenn wir an Menschen denken, die uns Unrecht getan haben, die uns im Wege stehen oder voraussichtlich Schaden zufügen werden, befällt uns eine innere Unruhe. Obwohl wir eben noch recht zufrieden waren, kommt plötzlich ein ganzer Schwall negativer Gedanken in uns hoch. Unzufriedenheit breitet sich in uns aus, die schließlich in Feindseligkeit übergeht. Was können wir tun, um diesen Prozeß zu unterbinden?

9

Selbst wenn mich das größte Unglück befällt,
sollte ich meine Heiterkeit nicht verlieren,
denn Unzufriedenheit hilft mir auch nicht weiter;
im Gegenteil: Sie kann
zur Zerstörung all meines Verdienstes führen.

10

Warum unzufrieden sein,
wenn es einen Ausweg gibt?
Und gibt es keinen,
was hilft da Unzufriedenheit?

Was immer uns auch zustoßen mag, wir sollten nicht zulassen, daß es uns zerrüttet und unsere Heiterkeit einer wachsenden Unzufriedenheit Platz macht. Denn Unzufriedenheit ist ein Keim, der Haß in sich birgt. Darum ist es besser, sie von Anfang an nicht aufkommen zu lassen.

Für uns wird jemand zum Feind, wenn er uns Schaden zufügt. Aus seiner Sicht aber handelt er möglicherweise so, um seine Interessen oder die seiner Freunde zu schützen. Haß ist im Grund ein viel niederträchtigerer Feind, denn er hat keinerlei gute Seiten, sondern nur eine Funktion: uns unserer Verdienste zu berauben. Darum sagt Shāntideva: «Er hat nur eine Absicht: mich zu vernichten.» Von dem Moment an, in dem Haß in uns aufsteigt, bewirkt er nichts anderes, als uns zu schaden. Darum haben wir allen Grund, ihn zu bekämpfen.

Unzufriedenheit entsteht in erster Linie durch unerfüllte Wünsche – wenn wir nicht bekommen, was wir wollen. Sie bringt uns der Erfüllung unserer Wünsche in keiner Weise näher, zermürbt selbst die fröhlichsten Menschen und schürt die Flammen des Hasses in gefährlichem Maße. Wir dürfen nicht zulassen, daß Unzufriedenheit unsere gute Laune und unsere Lebensfreude zersetzt; deshalb sollten wir uns auch nicht immer wieder vergangene Leiden in Erinnerung rufen. Warum uns Sorgen machen, wenn wir ein Problem lösen können? Und wenn wir die Situation so akzeptieren müssen, wie sie ist – was für einen Sinn hat es, sich aufzuregen? Das macht alles nur noch schlimmer.

11

Wir fürchten Schmerz, Demütigung,
barsche und unfreundliche Worte
für uns und die, die wir lieben,
nicht aber für unsere Feinde,
ganz im Gegenteil!

Wenn unsere Gegner diesen Widrigkeiten ausgesetzt sind, freuen wir uns insgeheim darüber. Ihr Glück oder Ruhm aber trifft uns wie ein Pfeil; wenn anerkennend über sie gesprochen wird, irritiert uns das. Gilt die Anerkennung jedoch uns, reagieren wir genau umgekehrt. Wir sind zu allem bereit, um unsere Ziele zu erreichen, und werden verbittert, wenn uns das nicht gelingt. Nicht nur, daß wir unseren Konkurrenten nichts Gutes wünschen, jeder ihrer Erfolge ist uns ein Dorn im Auge. Aber genau diese Haltung ist es, die unsere Unzufriedenheit verursacht.

12

Glück erreichen wir nur mit Mühe,
Leid kommt, ohne daß wir es suchen.
Es ist jedoch das Leid,

das in mir den Wunsch nach Befreiung weckt.
Möge mein Geist deshalb stark sein!

Vom Augenblick der Empfängnis an sind wir allen erdenklichen Leiden ausgesetzt; ihr Entstehen zu verhindern, gelingt uns nicht, obwohl wir dies mit allen Mitteln versuchen. Die Ursachen für ihr Auftreten sind unerschöpflich. Das Glück dagegen, das wir so herbeisehnen, erlangen wir nur mit Anstrengung und unter Einsatz großer Willenskraft. Es ist deshalb sehr wichtig zu lernen, die Ursachen des Leidens in Ursachen für Glück zu verwandeln.

Der Weise versteht es, widrige Umstände für seinen Weg zu nutzen. Denn Leiden hat nicht nur negative Aspekte, es kann große innere Wandlungen bewirken. Wenn es heißt: «Ohne Leiden keine Entsagung», so meint dies, daß ohne die Erfahrung des Leidens nie der Wunsch nach Befreiung aus dem Kreislauf der Wiedergeburten in uns entstehen würde.

In dem Maße, in dem unsere Ausdauer wächst, lernen wir, Schwierigkeiten zu ertragen. Durch Übung läßt sich alles meistern. Wenn wir uns im Erdulden kleiner Leiden üben, wird es uns auch gelingen, die schwersten zu ertragen.

16

Kälte und Hitze, Regen und Wind,
Krankheit, Gefangenschaft, Schläge:
über all das zu klagen,
verschlimmert das Leid.

Wenn jemand sehr willensstark ist, kann er die furchtbarsten Leiden ertragen, ohne mit der Wimper zu zucken, während einem anderen, dem diese Qualität fehlt, selbst die kleinsten Unannehmlichkeiten unerträglich sind.

17

Es gibt manchen, dessen Kampfesmut es steigert,
wenn sein Blut fließt;
mancher wiederum fällt schon um,
wenn er das Blut anderer sieht.

18

Der Grund liegt in der Stärke
oder Schwäche des Geistes.
Den Schmerz nicht zu beachten
heißt, ihm zu widerstehen.

Alles hängt von unserer inneren Einstellung ab. Geduld ist eine große Kraft; mit ihrer Hilfe gelingt es, angesichts von Schicksalsschlägen Gleichmut zu bewahren. Natürlich, Widrigkeiten akzeptieren ist nicht leicht, aber wir brauchen all unsere Energie für den inneren Kampf gegen unseren schlimmsten Feind, den Haß, und dürfen uns nicht vor den Leiden fürchten, die jeder Kampf mit sich bringt.

19

Der Schmerz kann die Heiterkeit
des Weisen nicht erschüttern;
sein Kampf gilt den Geistesgiften –
und gibt es einen Kampf ohne Leiden?

Jemand wird zum Helden, wenn er von Haß getrieben seinen Feind tötet. Doch ist das wirklich eine Heldentat? Ich glaube, ein wahrer Held ist eher jemand, der sich rückhaltlos dem Kampf gegen die inneren Feinde, die Geistesgifte, stellt und am Ende siegreich daraus hervorgeht.

21

> Ein großer Wohltäter ist das Leid:
> Durch seine Erschütterung wird mein Stolz gedämpft.
> Es weckt Mitgefühl mit den Wesen,
> es lehrt mich, vor unheilsamen Handlungen
> zurückzuschrecken und heilsame zu lieben.

Der Schock des Leidens lehrt uns Demut, er öffnet uns die Augen für das Leiden der anderen und führt uns dadurch zu Mitgefühl und Altruismus. Um weiteres Leiden zu vermeiden, scheuen wir nun davor zurück, die negativen Handlungen zu begehen, die es verursachen, und unser Interesse an der Ansammlung von positivem Karma wird sich intensivieren.

Wir alle sind zu uneigennützigem Denken und Handeln fähig, selbst wenn wir augenblicklich nur das Potential dazu in uns tragen. Wenn dieses Potential verwirklicht wird und sich zu einem grenzenlosen, vollkommenen Altruismus entwickelt, spricht man von «Bodhichitta», dem altruistischen Erleuchtungsgeist. Haß, Ärger, der Wunsch, anderen Leid zuzufügen, sind gefährliche Hindernisse für seine Entwicklung. Darum ist es so wichtig, Geduld als Gegenmittel einzusetzen. Je mehr sie wächst, desto weniger werden Haß und Ärger Gelegenheit haben, sich überhaupt zu manifestieren.

Was die Liebe angeht, so bin ich der Meinung, daß alle Lebewesen, auch der Mensch, den Wert von Liebe und Güte schätzen. Sind wir nicht jedesmal glücklich, wenn wir jemanden treffen, dessen Gesicht vor Liebe strahlt? Auch Tiere reagieren darauf, wenn man sich ihnen liebevoll zuwendet. Liebe ist ein ganz natürliches Gefühl, das in jedem von uns angelegt ist. Daß sie auch in praktisch allen spirituellen Traditionen einen wichtigen Platz einnimmt, ist ein weiterer Hinweis auf ihre unschätzbaren

Wohltaten. Sie ist eine der wichtigsten Eigenschaften des Buddhas. Wenn wir von ihm als unserer Zuflucht sprechen, denken wir vor allem an seine Liebe. Liebe ist eine universelle Wahrheit, nicht nur im Buddhismus. Spricht man in den theistischen Religionen nicht auch von der Güte und Barmherzigkeit des Schöpfers?

Einem anderen den Sieg zu überlassen, wird normalerweise als Versagen angesehen. Die Menschen meinen, man hätte keinen Mut, und Geduld wird als ein Zeichen von Schwäche gedeutet. Ich persönlich glaube, daß dies ein Irrtum ist und Geduld auf großer innerer Stärke beruht. Zum Beispiel wird jemand, der einen vernünftigen Standpunkt vertritt, gelassen und sogar mit Humor diskutieren können. Er hat es nicht nötig, sich aufzuregen. Wer aber keine fundierten Argumente hat, wird viel eher rot werden, ins Stottern kommen und die Nerven verlieren, wenn sein Standpunkt lächerlich gemacht wird. Aufregung ist ganz offensichtlich ein Zeichen für Schwäche und Geduld ein Ausdruck für Stärke.

22

Ich ärgere mich nicht über die Galle
oder die anderen Körpersäfte,
wiewohl sie mir Leiden bereiten.
Warum sich über Lebewesen ärgern,
die selbst Opfer von Bedingungen sind?

Manchmal sind andere Lebewesen, manchmal unbelebte Dinge die Ursache unserer Leiden. Wir ärgern uns zum Beispiel über schlechtes Wetter und schimpfen: «Was für ein Mistwetter!» Aber meistens gilt der Ärger unseren Mitmenschen. Wir müssen uns fragen, ob das gerechtfertigt ist, denn das Verhalten der Menschen, die uns Probleme bereiten, ist immer von spezifischen Ursachen und

Umständen beeinflußt. Sie sind keineswegs Herr ihrer selbst. Jedes Phänomen entsteht durch Interaktion einer Reihe von Ursachen und Bedingungen. Diesen Mechanismen sind alle Lebewesen unterworfen, und deshalb ist es unsinnig, ihnen etwas übelzunehmen.

24

Kein Mensch faßt willentlich den Entschluß,
sich zu ärgern; niemand denkt:
«Jetzt will ich wütend werden.»
Ebensowenig plant die Wut ihr Entstehen.

26

Ursachen treffen nicht
absichtlich aufeinander,
Wirkungen treten nicht
absichtlich ein.

Im folgenden erläutert und widerlegt Shāntideva dann einige Anschauungen nichtbuddhistischer Lehrtraditionen, insbesondere der Sānkhya-Schule*.

27

Das Prinzip, das als Urstoff angenommen wird,
oder das, was man als ewiges Selbst bezeichnet,
entsteht nicht, indem es denkt:
«Nun will ich entstehen.»

* Die Lehren dieser philosophischen Schule des Hinduismus werden weiter unten kurz umrissen.

28

Denn bevor es entstand, existierte es nicht;
wie könnte es da den Wunsch nach Existenz haben?
Wenn ein ewiger «Ātman» mit Objekten in Verbindung ist,
wie könnte diese Verbindung jemals enden?[46]

Der buddhistischen Lehre nach sind alle Phänomene, so auch negative Handlungen, das Resultat einer Reihe von Ursachen und niemals aus sich selbst heraus entstanden. Die Anhänger des Sānkhya postulieren die Existenz von fünfundzwanzig Objekten der Wahrnehmung, unter denen das wichtigste der Urstoff, Prakriti, ist. Dieser Urstoff ist aus sich selbst entstanden, ewig, unabhängig existierend und allgegenwärtig. Er wird als absolute Wahrheit betrachtet. Aus ihm manifestieren sich alle Erscheinungen[47], alles Glück und alles Leiden.

In der Sānkhya-Philosophie wird außer dem Urstoff (*prakriti*) auch ein unabhängig existierendes, reines Bewußtsein (*purusha*) postuliert, das selbst nicht schöpferisch ist, sondern die vom Urstoff manifestierten Erscheinungen erfährt. Aber wie kann der Urstoff etwas manifestieren, wenn er selbst unerschaffen ist? Wenn der Urstoff die Ursache für etwas anderes wäre, dann müßte er auch selbst verursacht worden sein. In den buddhistischen Texten wird erläutert, daß *alles* durch Ursachen und Umstände bedingt ist und daß nichts aus einer ewig seienden Ursache hervorgehen kann. Eine ewig existierende Ursache würde nämlich entweder zu ewig existierenden Erscheinungen oder zur Abwesenheit von Erscheinungen führen, und das ist offensichtlich absurd.

Ein unvergänglicher, ewig existierender Schöpfer kann nicht Phänomene verursachen, die – wie wir beobachten können – allesamt vergänglich sind. Wenn eine Wesenheit über die Gesamtheit aller Ursachen verfügen würde, müßte sie sowohl ununterbrochen als auch gleichzeitig alle Wirkungen all dieser Ursachen produzieren. In den Schriften heißt es dazu: «Wenn die entsprechenden Ursachen vereint zusammentreffen, kann nichts die daraus folgende Wirkung mehr verhindern.» Die Tatsache, daß Erscheinungen vergänglich sind, zeigt, daß ihre Ursachen es ebenfalls sind.

Auch in den Veden ist von einem ewig existierenden Selbst die Rede, das nur sich selbst als Ursache hat. Aber wie kann ein Phänomen – was immer es auch sei – sich manifestieren, ohne daß eine Reihe von Ursachen dafür zusammentreffen? Wie könnte es sich willkürlich selbst erschaffen, indem es denkt: «Ich will entstehen?»

29

Wenn der Ātman ewig, ohne Bewußtsein
und unendlich wie der Raum ist,
so ist er offensichtlich untätig.
Wie könnte etwas, das untätig ist, handeln,
selbst in Verbindung mit Ursachen?

Wenn der Ātman eine Wesenheit wäre, die bewußt, ewig und unveränderlich ist, müßte er ständig mit dem Objekt, das Gegenstand seines Bewußtseins ist, in Verbindung bleiben. Nichts könnte ihn davon ablenken, daß er keinen Wandel kennt. Das stimmt jedoch nicht mit dem überein, was wir in der Realität beobachten können. Die Erfahrung zeigt, daß unser Kontakt mit Wahrnehmungsobjekten nicht ununterbrochen besteht. Die These eines ewig existierenden Selbst hält einer ausführlichen Analyse nicht stand.

Die buddhistischen Texte[48] öffnen uns das Tor zu einem ganz anderen, umfassenden Verständnis, indem sie zeigen, daß nichts ohne entsprechende Ursachen entstehen kann, daß es keine unveränderliche Ursache – einen Schöpfer des Universums also, der seine Schöpfung geplant und dann erschaffen hat – geben kann. Jede Ursache ist nur einige Momente wirksam und vergeht, sobald ihre Wirkung eingetreten ist. Es ist nicht nur so, daß Ursachen vergänglich sind; das, was aus ihnen resultiert, ist ihnen zudem im Wesen gleich, das heißt zum Beispiel, daß ein Reissamen keinen Weizensprößling hervorbingen kann. Dieses Ding entsteht also durch eine Ursache, die ein spezifisches Potential hat, welches ein spezifisches Resultat mit sich bringt.

Wenn das Universum eine ewige, unveränderliche Ursache hätte, wäre es nicht möglich, Befreiung zu erlangen. Wie oben erwähnt, behaupten Anhänger des Sānkhya, daß der Urstoff, Prakriti, die Daseinsbereiche manifestiert und daß Purusha, das ewig existierende Bewußtsein, innerhalb des Daseinskreislaufs Freude, Leiden und so weiter erfährt. Die Unterweisungen eines spirituellen Meisters lassen Purusha einen Zustand klarer Erkenntnis erreichen, in dem alle Erscheinungen als von Prakriti manifestierte Illusionen enthüllt werden. So entlarvt, absorbiert Prakriti all seine Manifestationen allmählich wieder in sich selbst. Wenn schließlich reines Purusha zurückbleibt, hat es Befreiung erlangt.

Es gibt hier einen gewissen Widerspruch: Zuerst wird Prakriti als Ursache des Daseinskreislaufs postuliert und als unveränderlich und ewig existierend beschrieben. Dann aber ist von Befreiung die Rede, was eine Veränderung bedeutet. Widersprüchliche Philosophiesysteme wie dieses werden vom Buddhismus abgelehnt.

31

Alles beruht also auf einer Ursache,
und diese Ursache hängt wiederum von anderen ab.
Warum ärgere ich mich über Marionetten,
die magischen Erscheinungen gleichen?

Der Vorgang, durch den eine Ursache schließlich ihre Wirkung zeigt, ist ein komplexes Zusammenspiel vielfältiger Ursachen und begleitender Umstände. Nichts existiert aus sich selbst. Sogar Glück und Schmerz – Dinge, die einem so wirklich erscheinen – sind in Wirklichkeit illusorisch und trügerisch. Warum sich also über irgend jemanden ärgern? Wenn alles Illusion ist, kann man sich natürlich auch fragen, wie es möglich ist, mit Hilfe eines illusorischen Heilmittels eine illusorische Krankheit zu heilen. Es mag so aussehen, als ob es weder heilen noch schaden könne und eigentlich nutzlos ist. Da es aber die Verkettung von Ursache und Wirkung gibt, besteht die Möglichkeit, das Auftreten von Leiden zu verhindern.

Obwohl Leiden und seine Ursachen Illusionen gleichen, da sie keine inhärente Existenz besitzen, erfährt man sie nichtsdestoweniger als wirklich. Daß man vor Leiden Angst hat und sich nach Glück sehnt, ist Grund genug, dem Fluß des Leidens ein Ende setzen zu wollen. So wird also eine Illusion genutzt, um eine andere Illusion zu zerstören. Das ist ein Punkt, den Shāntideva noch ausführlich im neunten Kapitel des *Eintritt in den Weg zum Erwachen* erörtern wird.

33

Darum muß ich mir sagen,
wenn ich Freund oder Feind tadelnswert handeln sehe:

«Die vorausgegangenen Ursachen sind der Antrieb für
seine Taten»,
und muß Gelassenheit bewahren.

Im Wissen, daß es sich um Illusionen handelt, sollten wir uns niemals dazu verleiten lassen, Begierde oder Haß zu empfinden.

34

Wenn der Wunsch nach Glück ausreichte,
um es herbeizuführen,
gäbe es kein Leiden,
denn niemand sucht das Leid.

Wenn ein einfacher Wunsch genügen würde, uns vor Unheil zu bewahren, gäbe es auf der Welt schon lange kein Elend mehr. Da Leiden aber die unausweichliche Auswirkung bestimmter Ursachen ist, reift diese Frucht, ob wir wollen oder nicht. Nicht nur, daß wir dem Leiden nicht entgehen können, durch unsere Unfähigkeit, den eigenen Geist zu meistern, fordern wir es geradezu heraus.

38

Wenn die Menschen, in der Gewalt ihrer Leidenschaften,
auf ihren eigenen Untergang zustreben,
wie könnte ich da nicht Mitleid fühlen,
sondern ihnen gar noch Haß entgegenbringen?

Können wir jemanden hassen, der Sklave seiner eigenen verstörenden Emotionen ist, anderen deshalb schadet und sich schließlich selbst zugrunde richtet? Verdient er nicht eher unser Mitgefühl?

39

Wenn es in der Natur dieser Verblendeten läge,
anderen zu schaden, wäre es ebenso sinnlos,
Haß gegen sie zu hegen wie gegen das Feuer,
das seiner Natur nach brennt.

40

Wenn es jedoch nur ein vorübergehender Fehler ist,
wenn diese Menschen ihrer Natur nach gut sind,
so ist Ärger gegen sie ebensowenig angebracht
wie gegen den Rauch, der zeitweilig die Luft trübt.

Wir sollten uns fragen: Sind die Menschen, die uns etwas antun, von Natur aus bösartig, oder werden sie völlig von den jeweiligen Umständen beeinflußt? Wenn es in ihrer Natur liegt, anderen zu schaden, können sie nichts dafür: Sie sind einfach so. Wenn sie nur unter dem Einfluß von Umständen handeln, sind sie nichts anderes als deren Opfer. In beiden Fällen gibt es keinen wirklichen Grund, diese Menschen zu hassen.

41

Nicht gegen den Stock errege ich mich,
der mich schlägt und mir Schmerz bereitet,
sondern gegen den, der ihn führt.
Ihn wiederum führt der Haß:
So gilt es, den Haß zu hassen.

Wenn uns jemand schlägt, ist der Stock die direkte Ursache für unseren Schmerz, und die Wut, die unseren Angreifer antreibt, indirekt die Hauptursache. Wenn wir uns für den Schmerz rächen wollen, sollten wir unseren

Haß entweder auf den Stock oder auf die Wut richten. Was außer diesen beiden bleibt denn übrig? Ein armer Mensch, der selbst Opfer seiner Wut ist. Was hat es für einen Sinn, unseren Ärger an ihm auszulassen?

42

Auch ich habe anderen bereits
ähnliches Leiden zugefügt
und erfahre nur, was ich,
der andere gequält hat, verdiene.

43

Sein Schwert und mein Körper sind beide Ursache
des Schmerzes, den ich erfahre:
Er hat das Schwert, ich den Körper gewählt,
gegen wen sich erregen?

Dieser Körper ist das Resultat unserer eigenen früheren Taten. Wenn wir ihn nicht hätten, könnten andere Wesen uns gar nicht verletzen. Wir sind verantwortlich für das, was er ist. Der Körper ist die Basis, auf der wir den Schmerz erfahren, aber wir sind es, die dafür die Ursachen gesät haben.

45

Den Schmerz liebe ich nicht, aber
ich liebe seine Ursache, ich Narr!
Aus meinen Fehlern ist er entstanden –
warum jemand anderem grollen?

Das Unglück, das uns heute widerfährt, ist die karmische, auf Ursache und Wirkung beruhende Vergeltung eines

Unrechts, das wir anderen früher zugefügt haben. Unsere eigenen negativen Handlungen in der Vergangenheit schaffen die Bedingungen für unser jetziges Leiden. Wenn wir es uns recht überlegen, sind wir eigentlich diejenigen, die einem anderen schaden: Wer uns Leid zufügt, häuft unseretwegen negatives Karma an und legt damit die Grundlage für sein zukünftiges Leiden.

47

Mein eigenes Tun ist es, das meine Peiniger antreibt.
Und ich bin der Grund dafür,
daß sie in die Höllen gehen müssen.
Bin nicht ich ihr Mörder?

48

Ihnen ist es zu danken, wenn meine zahllosen Missetaten
durch das Üben von Geduld gelöscht werden.
Sie jedoch erleiden meinetwegen
lange Zeit die Qualen der Höllen.

Unsere Gegner bieten uns eine ausgezeichnete Gelegenheit, Geduld zu üben und dadurch unsere früheren negativen Handlungen zu läutern. Sie hingegen häufen schlechtes Karma an, und so vergelten wir ihnen eigentlich Gutes mit Schlechtem. Wenn wir jemandem Vorhaltungen machen wollen, dann uns selbst – und *nur* uns selbst. Was immer auch die Absichten unserer Widersacher sind, sie helfen uns. Wir haben keinerlei Grund, uns über sie zu ärgern.

Hinzu kommt, daß wir, sofern wir auf ihre Aggressionen mit Geduld reagieren, Verdienst ansammeln, von dem sie nichts haben, das nur uns zugute kommt. Gewiß bewahrt uns unser korrektes Verhalten davor, in niedere Existenzbereiche zu fallen, aber davon haben nur wir etwas. Wenn wir die Geduld verlieren, schädigt das nicht nur unsere Gegner, wir selbst brechen dadurch unser Bodhisattva-Gelübde.

52

Der immaterielle Geist
kann niemals zerstört werden;
wenn ihn körperlicher Schmerz berührt,
so nur wegen zu großen Haftens am Körper.

Hohn, Beschimpfungen und Verleumdungen können den Geist nicht verletzen, denn er ist ohne Form; auch dem Körper tun sie an sich nichts zuleide. Wenn wir genau darüber nachdenken, sehen wir, daß Worte eigentlich nicht so unerträglich sind, wie es uns manchmal erscheint. Warum sich also ärgern?

54

Nicht die Mißgunst anderer ist es,
die mich in diesem Leben
oder einem anderen verschlingt:
Warum bangt mir so davor?

Was kann uns üble Nachrede, selbst wenn sie unseren Ruf und unser Ansehen ruiniert, schon anhaben! Das Ansehen und die Vorteile, die wir genießen, sind auf dieses eine Leben begrenzt. Für unsere zukünftigen Leben sind sie ohne Bedeutung, während die negative Energie, die wir einsetzen, um uns gegen unsere Verleumder zu wehren, uns weit in die Zukunft folgen und schaden wird. Wollten wir behaupten, daß wir gegen jede Herabsetzung sind, müßten wir uns dann nicht auch gegen alle Kritik, die an anderen geübt wird, verwahren? Wenn wir mit einem Menschen Nachsicht empfinden können, der unter bestimmten Umständen schlecht über andere spricht, warum sollten wir nicht auch denjenigen, der uns unter dem Einfluß verstörender Emotionen schlechtgemacht hat, verzeihen können?

67

Die einen, aus Verwirrung, erregen Anstoß;
die anderen, ebenfalls verwirrt,
geraten darüber in Wut.
Welche können wir unschuldig nennen
und welche von ihnen schuldig?

Auch dürfen wir insbesondere die Menschen nicht hassen, die, wie es in Tibet geschieht, Klöster zerstören, Statuen entweihen oder spirituelle Lehrer denunzieren, denn den Buddhas können diese Verbrechen nichts anhaben.

74

Als Folge meines Hasses habe ich bereits
unzählige Male Höllenqualen erlitten,
doch war es nie von Nutzen,
für mich nicht und nicht für andere.

75

In meinem gegenwärtigen Leben jedoch
ist mein Leid viel geringer
und außerdem die Quelle von großem Nutzen.
Freuen sollte man sich über solches Leid,
das die Schmerzen aller Wesen tilgen kann.

Wenn sich uns die Chance bietet, zum Preis eines kleinen Leides größere Leiden abzuwenden, sollten wir keine Sekunde lang zögern, sie wahrzunehmen. Bisher haben wir umsonst gelitten. Von nun an werden Schwierigkeiten zu einer Prüfung auf dem spirituellen Weg, sie bekommen einen Sinn. Die Anstrengungen, die wir machen, um eine negative, rachsüchtige Geisteshaltung zu verhindern und statt dessen unseren Geist der Geduld zu öffnen, werden unermeßliche Früchte bringen. Da wir uns bereits entschlossen haben, ein aufrechter Mensch mit einem guten Herzen zu werden, sollten wir Schwierigkeiten mit Mut und Freude akzeptieren.

79

Man singt mein Lob: Ich gebe zu,
daß es mir Freude macht.
Lobt man einen anderen, so kann ich
kein Vergnügen daran finden.

Statt mit Eifersucht und schlechter Laune zu reagieren, wenn Menschen, die wir nicht mögen, gelobt werden, sollten wir versuchen, in das Lob miteinzustimmen. Fähig zu sein, an der Freude anderer teilzuhaben und darin sogar aufrichtiges Vergnügen zu finden, ist etwas, das die Zustimmung der Buddhas findet. Außerdem ist es die beste Art und Weise, Freundschaft zu begründen. Selbst unsere Feinde werden diese Eigenschaft an uns schätzen. Wenn wir es nicht schaffen, unserem Nächsten die kleinste Freude zu gönnen, dann müßten wir eigentlich alle Geschenke, Wohltätigkeitsveranstaltungen, humanitäre Aktionen – überhaupt alles, was anderen Freude macht – zu verhindern suchen.

80

Ich strebe nach Erleuchtung,
weil ich das Glück aller Wesen will.
Wieso ärgert es mich,
wenn sie von sich aus Glück finden?

83

Nicht einmal das gönne ich ihnen –
wie kann ich ihnen da die Buddhaschaft wünschen?
Wie könnte jemand den Erleuchtungsgeist haben,
wenn er anderen den Erfolg neidet?

Da wir gelobt haben, die Buddhaschaft zum Wohl aller Lebewesen zu erlangen, tragen wir auch die Verantwortung dafür, alle Wesen von Leid zu befreien und ihnen zu Glück zu verhelfen. Wenn jemand von sich aus, also ohne unser Zutun, Glück gefunden hat, ist uns dadurch unsere Aufgabe schon etwas erleichtert. Wäre es nicht eher angebracht, sich über das Wohlergehen, das Glück und die guten Eigenschaften anderer Menschen zu freuen, statt sich darüber zu ärgern? Wie können wir sonst behaupten, nach Buddhaschaft zu streben? Befriedigung aus dem Mißgeschick anderer zu ziehen, zeugt von einer jämmerlichen geistigen Einstellung. Schadenfreude über ihren Kummer und ihre Verzweiflung zu zeigen, verschlimmert noch die Leiden der Betroffenen. Wie kann das Unglück anderer uns zu Glück verhelfen? Wenn wir aus ihrem Mißgeschick Profit ziehen, ist das in Wirklichkeit ein großer Verlust.

90

Lob, Ruhm und Ehre
verschaffen mir kein spirituelles Verdienst,
kein langes Leben, nicht Kraft noch Gesundheit,
noch körperliches Wohlergehen.

Ein kluger Mensch, der weiß, was seinen Interessen wirklich dient, und der in Harmonie mit sich selbst leben möchte, wird nicht so viel Wert auf Lob, Ruhm und Ehre legen. Was in der Welt gewöhnlich als Befriedigung gilt, sieht neben Dingen, die einen wirklichen Sinn haben, völlig belanglos aus.

Alkohol, Drogen, Spiel und andere Genüsse faszinieren die Menschen, weil sie eine – wenn auch flüchtige – Befriedigung verschaffen. Aber kann das ein Ziel sein? Für das bißchen Freude und Vergnügen zögern sie nicht, alles zu opfern, was sie besitzen. Menschen setzen ihr Leben aufs Spiel, nur um sich einen Namen zu machen und als Helden zu gelten. Wie absurd das ist! Kann man sich von Ruhm ernähren? Dauert Vergnügen über den Tod hinaus? Weder in diesem noch in zukünftigen Leben sind sie von wirklichem Nutzen. Es ist es nicht wert, sich wegen eines Erfolges wie im siebten Himmel zu fühlen und sich durch Fehlschläge in Depressionen stürzen zu lassen.

93

Wie ein Kind jammert und schreit,
wenn seine Sandburg fortgespült wird,
so klagt mein Herz vor den Trümmern
meines Ansehens und meines Ruhms.

Was an den lobenden Worten, die uns gelten, macht uns

eigentlich solches Vergnügen? Ist es der Klang der Worte, oder freuen wir uns vielleicht darüber, daß andere Leute mit uns zufrieden sind? Aber: Diese Zufriedenheit entsteht im Geist eines anderen Menschen. Was haben wir davon? Wenn wir behaupten, daß es einfach diese Zufriedenheit anderer ist, die uns freut, dann müßten wir uns aber auch von ganzem Herzen darüber freuen, wenn man mit unseren Konkurrenten zufrieden ist und sie gelobt werden. Tatsache ist jedoch, daß wir ein Lob nur dann schätzen, wenn es uns gilt. Unsere Haltung ist unlogisch und kindisch.

98

Lobreden zerstören den Frieden meines Gemüts,
sie behindern meinen Rückzug aus der Welt;
sie wecken in mir Neid auf Menschen mit Tugend
und verwüsten meine guten Eigenschaften.

Seien wir ehrlich – könnte das nicht auch uns passieren? Zu Anfang waren wir ein bescheidener Mönch, zufrieden mit dem wenigen, was wir hatten. Dann begann man lobend über uns zu sprechen, uns als Lehrer anzusehen – heute sind wir von Stolz gebläht, und die acht weltlichen Anliegen[49] beherrschen unseren Geist vollständig. Sowie wir Erfolg haben, werden wir eingebildet und fangen an, mit anderen zu rivalisieren. Wie absurd das ist! Eifersucht auf die guten Eigenschaften der anderen vermindert unsere eigenen. Gelobt zu werden bringt uns keineswegs etwas Gutes, es kann uns sogar zu schlechtem Handeln verleiten.

99

Die gegen mich aufstehen,
um meinen Ruf zu zerstören,
tun nichts anderes, als mich vor dem Sturz
in die leidvollen Daseinsbereiche zu bewahren.

Unser Ziel ist die Befreiung aller Lebewesen aus dem Daseinskreislauf und die allumfassende Erkenntnis, die die Buddhaschaft mit sich bringt. Die Vorteile und Komplimente, die uns zuteil werden, bremsen uns auf diesem Weg, so als würde man uns Ketten anlegen.
Können wir die Menschen hassen, die uns helfen, uns von diesen Ketten zu befreien?

101

Wenn ich im Begriff bin, in Leiden einzutreten,
sind sie wie eine verschlossene Tür,
durch den Segen des Buddhas dorthin gestellt,
um mich daran zu hindern.
Wie könnte ich sie hassen?

102

«Aber meine Feinde behindern meine guten Taten!» –
Was für eine schlechte Entschuldigung für meinen Groll!
Denn keine Übung ist vergleichbar der Geduld,
die zu entwickeln sie mir Gelegenheit geben.

Wer es vernachlässigt, sich in Geduld zu üben, kann schwerlich behaupten, die buddhistische Lehre wirklich zu praktizieren. Es sind nicht unsere Feinde, die unsere Geduldsübung und die Anhäufung von Verdienst behindern, sondern wir selbst, unsere Begierde, unser Haß. Das Unrecht, das man uns zufügt, ist der eigentliche Auslöser für unsere Übung in Geduld, eine der allerwichtigsten Übungen im Mahāyāna. Warum es also ein Hindernis nennen! Ein Bettler zum Beispiel ist nicht Hindernis, sondern Anlaß für Freigebigkeit.

107

Ein Feind ist Gewinn ohne Mühe,
ein Schatz, gefunden im eigenen Haus;
er sollte mir lieb sein als Helfer
auf meinem Weg zur Befreiung.

Wir sind angewiesen auf Menschen, die uns schaden und damit unsere Geduld auf die Probe stellen. Auf einen wirklichen Feind, der uns zwingt, Geduld zu üben, trifft man eigentlich selten, darum sollten wir uns über die Begegnung mit ihm freuen und sie zu nutzen wissen. Wir könnten nun vielleicht einwenden: «Warum jemandem dankbar sein, der gar nicht die Absicht hatte, uns zu etwas Positivem wie der Übung von Geduld zu veranlassen? Dankbarkeit ist doch nur dem gegenüber angebracht, der uns Gutes will.» Der Dharma, der uns Methoden lehrt, den Leiden des Daseinskreislaufs ein Ende zu setzen, kommt auch absichtslos den Lebewesen zugute. Wäre er deshalb unserer Verehrung etwa nicht würdig? Obwohl ein Feind die Absicht hat, uns Schaden zuzufügen, ist es richtig, ihm dankbar zu sein, weil er uns den Anlaß gibt, Geduld zu üben. Menschen, die uns nicht mit voller Absicht schaden wollen und damit unseren Haß provozieren, können diese Funktion nicht erfüllen. Einen Arzt, der uns große Schmerzen zufügt, etwa indem er uns ein Bein amputiert, werden wir dafür nicht hassen können – es fehlt ihm ja die Absicht, uns zu schaden.

111

Seine Feindseligkeit ist unentbehrlich,
um meine Geduld zu entwickeln.
Da er die Ursache meiner Geduld wird,
sollte ich ihn so ehren wie den heiligen Dharma selbst.

112

Die Wesen sind ein Feld des Verdienstes
genau wie die Buddhas, so hat es der Erleuchtete gelehrt.
Sie beide gleichermaßen zu ehren, hat schon viele
das andere Ufer, die Vollendung, erreichen lassen.

Es gibt zwei Felder für Verdienst[50], das der Buddhas und das der gewöhnlichen Wesen. Die Lebewesen im Kreislauf der Wiedergeburten befinden sich in einem ständigen Zustand des Leidens und geben uns daher Gelegenheit, spirituelles Verdienst anzusammeln, den Erleuchtungsgeist zu entwickeln und uns in den Sechs Vollkommenheiten zu üben. Sie versetzen uns in die Lage, Güte und Mitgefühl zu entwickeln – Tugenden, ohne die man nicht die vollkommene Erleuchtung erlangen kann und in Gefahr gerät, in das Extrem des Nirvāna zu fallen. Sie sind also die Grundlage unserer ganzen spirituellen Entfaltung.

Da wir uns auf beide Verdienstfelder stützen müssen, um die verschiedenen Ebenen der Verwirklichung und schließlich Buddhaschaft zu erreichen, wäre es ein großer Irrtum, die Buddhas als grundsätzlich erhaben und die gewöhnlichen Wesen als grundsätzlich niedrig anzusehen. Wir sollten den gewöhnlichen Wesen die Verehrung entgegenbringen, die sie verdienen.

114

Der Wert der Absicht bemißt sich an ihrer Wirkung,
nicht an der Absicht selbst.
Darum gleichen die Wesen an Wert den Buddhas,
darin reichen sie an diese heran.

Obwohl die Buddhas zahllose Tugenden und Fähigkeiten besitzen und daher durchaus ein großer Unterschied zwischen ihnen und den gewöhnlichen Wesen besteht, wird uns die Buddhaschaft erst dadurch möglich, daß beide uns auf ihre Weise behilflich sind.

119

Welches andere Mittel haben wir denn,
uns dankbar zu erweisen gegenüber den Buddhas,
unseren aufrichtigen Freunden, unvergleichlichen Wohltätern,
als den Wesen Freude zu bereiten?

122

Die Buddhas freuen sich am Glück der Lebewesen;
sie sind betrübt, wenn die Wesen leiden.
Die Wesen zufriedenstellen heißt die Buddhas erfreuen;
sie zu beleidigen, beleidigt die Buddhas.

Wenn es wirklich Sinn haben soll, zu den Buddhas Zuflucht zu nehmen, dann müssen wir versuchen, im Einklang mit ihren Lehren zu leben. Sich nach seinen Freunden zu richten, ist etwas ganz Selbstverständliches. Wenn es sich um die Buddhas handelt, zu denen wir ein so tiefes Vertrauen empfinden, sollte dies um so mehr gelten. Ist es nicht bedauernswert, erst zu sagen: «Ich nehme Zuflucht zum Buddha, zum Dharma und zum Sangha», und dann nicht darauf zu achten, was die Buddhas erfreut oder betrübt? An die Regeln der Gesellschaft paßt man sich an, nicht aber an die Wünsche der Buddhas. Wie traurig! Ein Christ zum Beispiel, der Gott liebt, muß auch seinen Nächsten in diese Liebe miteinbeziehen, denn sonst praktiziert er seine Religion nicht wirklich, und seine Handlungen stehen im Widerspruch zu seinen Worten.

127

Den Wesen dienen heißt den Buddhas dienen,
heißt mein Ziel verwirklichen und
das Leiden der Welt beseitigen.
Darum ist dies die Übung, der ich mich widme.

Der Botschafter eines Königs oder eines anderen Staatsoberhauptes wird im allgemeinen respektiert, selbst wenn er persönlich nicht sehr eindrucksvoll ist. Wie unbedeutend ein Lebewesen auch sein mag, alle stehen unter dem Schutz der Buddhas und Bodhisattvas. Wenn wir ihnen Unrecht tun, tun wir letzten Endes den Buddhas Unrecht, und davor müssen wir uns in acht nehmen.

Andere glücklich zu machen, wirkt sich für uns positiv aus: Es geht uns gut, wir fühlen uns wohl, sind heiter und zufrieden und werden als Freunde geschätzt und geachtet. In all unseren zukünftigen Leben werden wir uns eines anziehenden Äußeren und guter Gesundheit erfreuen. Wir besitzen die acht aus heilsamen Handlungen resultierenden Eigenschaften und werden in den höheren Ebenen der Existenz wiedergeboren. Mit Hilfe dieser guten Voraussetzungen wird es uns schließlich gelingen, die allumfassende Erkenntnis der Buddhas zu erlangen. Das Wohlergehen anderer Wesen zu bewirken, ist die Grundlage für einen Weg, der uns zu immer größerer Glückseligkeit führt.

Dieses Kapital über Geduld war eine unerläßliche Vorbereitung für das achte Kapitel, das uns – indem es die Nachteile des Egoismus und die Vorzüge einer altruistischen Einstellung erläutert – dazu inspiriert, anderen Lebewesen zu helfen.

Wenn wir dahin gelangen, jemanden, der uns Aggressionen entgegenbringt, als einen Helfer zu sehen, der zu unserer spirituellen Entwicklung beiträgt, haben wir viele Hindernisse für die volle Entfaltung des Erleuchtungsgeistes aus dem Weg geräumt. Geduld üben bedeutet, denen gegenüber, die uns schaden, keinen Haß zu empfinden, sondern ihnen sogar Mitgefühl entgegenbringen zu können. Das heißt aber keineswegs, daß wir unseren Gegnern völlig freie Hand lassen müssen. Zum Beispiel sind dem tibetischen Volk von anderen Menschen große Prüfungen auferlegt worden. Wenn wir Tibeter mit Haß reagieren, sind wir die Verlierer, darum beweisen wir Geduld – was uns nicht daran hindert, uns mit aller Bestimmtheit gegen die Ungerechtigkeit der Unterdrückung zu wehren.

7. *Beharrliches Streben*

Wir haben uns bisher damit befaßt, wie man den altruistischen Erleuchtungsgeist weckt und aufrechterhält. Die folgenden Kapitel zeigen, wie er mit Hilfe von beharrlichem Streben, Meditation und Höchster Weisheit beständig weiterentwickelt werden kann.

Beharrliches Streben ist die treibende Kraft jeden Fortschritts. Auf der materiellen Ebene ist es durchaus denkbar, daß die Arbeit eines Wissenschaftlers von einem anderen weitergeführt wird. Für Fortschritte auf dem spirituellen Weg aber sind wir ganz auf uns selbst angewiesen, wir können uns nicht auf die Anstrengungen anderer stützen. Wenn Computer oder Pillen uns eines Tages spirituelle Verwirklichung verschaffen könnten, wäre uns dies hoch willkommen. Und hätten wir die Gewißheit, daß dieser Tag kommt, könnten wir uns ruhig zurücklehnen und Daumen drehen. Ich habe jedoch so meine Zweifel, ob es jemals so weit kommen wird. Darum halte ich es für besser, eigene Anstrengungen zu unternehmen.

1

Hat man Geduld entwickelt,
so muß man Beharrlichkeit stärken,
denn in ihr gründet das Erwachen.
So wie ohne Wind keine Bewegung entsteht,
so kein Verdienst ohne Ausdauer.

Geduld hat viele Facetten, ihr wichtigster Aspekt aber ist das Ertragen von Unrecht und die freudige Bereitwilligkeit, schwierige Situationen zu akzeptieren. Letzteres ist von größtem Nutzen für das Entwickeln von Beharrlichkeit; und beharrliches Streben wiederum verhilft uns zur Buddhaschaft. Wie es bei Shāntideva heißt: «Denn in ihr gründet das Erwachen.» Eine Flamme brennt ruhig, wenn sie vor Wind geschützt wird; in gleicher Weise kann sich der Erleuchtungsgeist mit Hilfe beharrlichen Strebens ohne Störung entfalten.

Beharrliches Streben ist die Begeisterung für das Gute. Sich darin zu üben heißt, alles auszuschalten, was diese Begeisterung dämpft. Der größte Widerstand kommt von der Trägheit, die sich auf dreifache Weise ausdrücken kann: in einem mangelnden Interesse an dem, was heilsam ist; in einer Neigung zu dem, was nicht heilsam ist und in einer Geringschätzung unserer eigenen Person, die uns an unseren Fähigkeiten zweifeln läßt. Entmutigung, Trägheit, Genußsucht und übertriebenes Schlafbedürfnis sind ebenfalls Hemmnisse, die in Gleichgültigkeit gegenüber den Leiden des Samsāra zum Ausdruck kommen.

4

Auch mich haben die Geistesgifte
wie Fischer gefangen, da ich mich
im Netz der Wiedergeburten verstrickt habe.

Begreife ich noch immer nicht,
daß ich mich im Rachen des Todes befinde?

Die negativen Emotionen oder Geistesgifte zerstören unseren inneren Frieden in dem Augenblick, in dem sie entstehen, und verleihen uns dadurch eine negative Ausstrahlung. Nicht nur, daß sie die Ursache unserer jetzigen Probleme sind, sie sorgen auch für neues Leiden, sobald wir mit der nächsten schwierigen Situation konfrontiert werden. Wie können wir sie nur tolerieren! Von jetzt an müssen wir Beharrlichkeit beweisen.

7

Der Tod fällt schnell über mich her –
solange ich noch Zeit habe,
will ich Weisheit und Verdienst ansammeln.
Auch wenn ich in der Stunde des Todes
meine Trägheit ablege –
was kann ich da noch ändern?

Wenn wir bis zu unserer letzten Stunde warten, um diese Anstrengungen zu unternehmen, wird es zu spät sein. Wir wissen von den großen physischen und psychischen Leiden des Todeskampfes – die Angst vor dem Unbekannten, die Erinnerung an die Fehler, die wir begangen haben, und der Abschied von denen, die wir lieben.

8

«Dies ist noch zu tun, das erst angefangen,
jenes kaum halb fertig,
und unversehens naht der Tod.
Ach, ich bin verloren!» denke ich.

9

Die Gesichter meiner Lieben
sind tränenüberströmt, ihre Augen rot
und geschwollen vor Kummer.
Vor mir erscheinen die Boten des Todes.

14

Jetzt verfügst du noch über das Boot
eines menschlichen Körpers,
also überquere den Strom des Leides!
Träumer, dies ist nicht die Zeit zu schlafen!
Dieses Boot findest du schwerlich ein anderes Mal.

15

Wie kannst du nur das erhabene Glück
des Dharma zurückweisen, die Quelle unendlicher Freude,
um in Zerstreuungen und Vergnügungen zu schwelgen,
die nur Leid nach sich ziehen?

Die meisten Menschen verdrängen den Gedanken an den Tod, sie möchten nichts davon hören, so sehr fürchten sie ihn. Wir täten jedoch gut daran, uns mit dieser Tatsache auseinanderzusetzen. Nichts anderes kann uns helfen, diese Angst zu überwinden, als eine große innere Stärke und die positive Einstellung, die aus der Läuterung und Schulung des Geistes hervorgehen.

Wenden wir uns für einen Augenblick dem Thema Wiedergeburt zu. Im Buddhismus wird Reinkarnation als ein kontinuierlicher Fluß von Bewußtseinsmomenten gesehen, der sich von Leben zu Leben fortsetzt. Was man Geist nennt, ist keine unabhängige Entität; er setzt sich vielmehr zusammen aus einer unendlichen Zahl von Bewußtseinsmomenten, welche die inneren und äußeren Phänomene wahrnehmen. Jeder Bewußtseinsmoment wird von einem ihm vorausgegangenen ausgelöst und kann nie aus einer unbelebten Ursache entstehen.

Um Wiedergeburt zu verstehen, muß man unterscheiden zwischen grobem und subtilem Bewußtsein. Bewußtsein wird im allgemeinen mit dem Gehirn in Verbindung gebracht. Aber ich glaube, daß nur das grobe Bewußtsein von den chemischen Substanzen im Gehirn abhängt – so etwa die berauschende Wirkung von Bier, die auf die alkoholische Gärung von Gerstenmalz zurückgeht. Das grobe Bewußtsein, das mit Sehen, Hören und den anderen Sinnen verbunden ist, entwickelt sich in Übereinstimmung mit der Ausformung unseres Gehirns und der einzelnen Sinnesorgane. Im allgemeinen nennt man den Fluß von groben Bewußtseinsmomenten, die von einem menschlichen Gehirn abhängen, das menschliche Bewußtsein. Auch andere Lebensformen haben ein Bewußtsein, das jedoch ganz anders ist, da sie ein andersartiges Gehirn besitzen.

Ich denke jedoch, daß es schwierig sein dürfte, Reinkarnation einfach durch eine Untersuchung der chemischen Reaktionen im Gehirn, von dem das grobe Bewußtsein abhängt, zu beweisen. Ein Bewußtsein, das wahrnimmt und Objekte erfährt, kann nicht entstehen, ohne von einem vorhergehenden Bewußtseinsmoment ausgelöst worden zu sein. Damit gelangen wir zum subtilen Bewußtsein – der ursprünglichen Fähigkeit zu erkennen, der natürlichen Klarheit des Geistes –, das nicht auf den groben Substanzen des Körpers beruht. Aber auch dieses subtile Bewußtsein kann nicht entstehen, ohne daß Ursachen und Bedingungen dafür zusammentreffen. Wenn man die Kausalkette dieses subtilen Bewußtseins zurückverfolgt, kommt man zum Konzept der Reinkarnation.

Abgesehen vom Gedächtnis, das es uns ermöglicht, uns zum Beispiel an die Kindheit zu erinnern, haben wir auch noch latente, unbewußte Neigungen, die unter gewissen Umständen zutage treten und unser Denken auf bestimmte Weise prägen. Woher kommen diese Neigungen? Einige stammen aus einer weit zurückliegenden Vergangenheit, während andere aus kürzlich gemachten Erfahrungen entstanden sind. Wenn wir diese Tendenzen nicht dem subtilen Bewußtsein zuschreiben, wird es sehr schwierig zu erklären, warum sie immer wieder plötzlich auftauchen.

Man versucht, den Ursprung des Universums mit Hilfe der Urknalltheorie zu erklären, aber auch dieses Phänomen muß eine Ursache haben. Der Buddhismus sagt, daß jedes Phänomen das Resultat einer komplexen, unendlichen Verkettung von Ursachen ist, man aber keine ursprüngliche Ursache auffinden kann, die aus sich selbst entstanden wäre. Es handelt sich hier um eine Tatsache – um die Natur der Phänomene, so wie sie zu beobachten ist. Es ist also kein genauer Anfang des Bewußtseins, der Wiedergeburten oder der Elementarteilchen des Universums auszumachen.

Von dieser Grundlage ausgehend, analysiert man die Phänomene entweder nach ihren Auswirkungen oder ihrer gegenseitigen Abhängigkeit. Was die Untersuchung ihrer gegenseitigen Abhängigkeit betrifft, heißt es: «Wenn es eine Auswirkung gibt, gibt es auch eine Ursache. Wenn die Ursache vorhanden ist, wird sich zwangsläufig auch die Wirkung einstellen.» Werden zwei chemische Substanzen vermischt, ergibt sich eine chemische Reaktion, und eine neue Substanz entsteht. Die Geistesschulung ist ein ganz ähnlicher Vorgang. Wenn ein jähzorniger Mensch sich Mühe gibt, Herzensgüte zu entwikkeln, wird er sich ganz allmählich verändern. Für eine gewisse Zeit wird seine Wut noch zum Ausdruck kommen, aber wenn er beharrlich ist, wird sich sein Charakter wandeln. Diese durch das Mischen zweier Bewußtseinszustände (Wut und Herzensgüte) erreichte Wandlung gehorcht den Mechanismen der gegenseitigen Abhängigkeit.

Was die Analyse der Auswirkung betrifft, so können wir als Beispiel jemanden nehmen, der über die Vorzüge der Herzensgüte und die negativen Auswirkungen der Wut nachdenkt. Durch diese Überlegungen gewinnt er eine neue innere Einstellung, was die Wichtigkeit von Herzensgüte angeht. Je mehr er diese positive Haltung kultiviert, desto mehr gewinnt in ihm eine Tendenz zur Güte an Kraft.

Ich weiß nicht, ob die Art und Weise, in der der Buddhismus die Dinge erklärt, für jeden befriedigend ist, auf jeden Fall aber bietet sie Antworten an.

Kommen wir wieder zurück zur Bedeutung von beharrlichem Streben in der Geistesschulung. Dieser menschliche Körper, der nur schwer zu erlangen ist im Kreislauf der Wiedergeburten, ist äußerst kostbar, weil er uns die Möglichkeit gibt, uns der Ausübung des Dharma zu widmen. Der Trägheit nachzugeben, ist also fehl am Platz.

16

Mutige Entschlossenheit,
das Heer der Gegenmittel und ihre Anwendung,
Selbstbeherrschung, das Denken daran,
daß andere genauso wichtig sind wie ich,

und das Vertauschen der Rollen des Ichs mit den anderen –
all dies sind Hilfsmittel für beharrliches Streben.

Denken wir genau darüber nach: Das Leben ist kurz; wenn wir uns den negativen Emotionen überlassen, vergeuden wir es. Das Sanskritwort für Trägheit ist Alassya, was soviel wie «sich nicht ans Werk machen» bedeutet. Einer ihrer Aspekte ist die Neigung zu dem, was nicht heilsam ist. Sie führt dazu, daß wir uns von negativen Aktivitäten verführen und sie von unserem Leben Besitz ergreifen lassen. Ein anderer Aspekt ist die Mutlosigkeit, was bedeutet, vor Schwierigkeiten zurückzuschrecken und zu meinen, die Erleuchtung niemals erlangen zu können.

Warum sollten wir entmutigt sein? Wir besitzen alle das Potential der Buddhaschaft. Die absolute Natur des Geistes, obgleich keine greifbare Entität, ist in jedem von uns gegenwärtig, selbst wenn sie von trübenden Schleiern verhüllt ist. Aus diesem Grunde kann selbst das kleinste Insekt mit Hilfe von Beharrlichkeit die Buddhaschaft erlangen.

17

Man darf sich nicht entmutigen lassen
durch den Gedanken:
«Ich werde wohl niemals
die Erleuchtung erlangen!»

18

Denn der Tathāgata hat in aller Wahrheit gesagt,
daß durch beharrliches Streben
selbst Bremsen und Mücken, Fliegen und Würmer
die schwer erreichbare Erleuchtung erlangt haben.

19

Warum sollte nicht auch ich – als Mensch geboren
und fähig, Gut und Böse zu unterscheiden –
die Erleuchung erreichen,
indem ich den Weisungen des Allwissenden folge?

Wir dürfen nicht meinen, daß wir niemals dazu fähig wären, die heroischen Taten der Bodhisattvas zu vollbringen, wie etwa unseren Besitz, unser spirituelles Verdienst oder unser Leben hinzugeben. Dies zu tun, wäre für einen Anfänger auch gar nicht angemessen. Er kann sich jedoch geistig darin üben – mit Hilfe von Meditationstechniken, die mit dem Aspekt der Weisheit verbunden sind. Wenn seine Geistesschulung sehr weit fortgeschritten ist, wird er seinen Körper dann eines Tages auch tatsächlich opfern können. Wer diese Ebene erreicht hat, wird dabei weder körperliche noch geistige Leiden erfahren. Der Bodhisattva wird wissen, wann der richtige Moment für ein derartiges Handeln gegeben ist.

28

Der Körper durch heilsames Handeln glücklich,
das Herz durch Weisheit,
was also hat der zu leiden,
der aus Mitgefühl im Kreis der Wiedergeburten verweilt?

30

Von einer Freude zur nächsten geführt,
welcher intelligente Mensch würde sich entmutigen lassen,
da er doch, getragen vom Erleuchtungsgeist,
vor Schmerz und Erschöpfung bewahrt wird?

In der *Juwelengirlande** von Chandraharipa heißt es, daß man, um Buddhaschaft zu erlangen, während zahlloser Weltzeitalter unermeßliches Verdienst ansammeln muß. Das sollte uns jedoch nicht entmutigen, denn wir können das gleiche erreichen, wenn wir das Gelübde ablegen, all die unzähligen Lebewesen, deren Eigenschaften grenzenlos sind, zur Erleuchtung zu führen und unendliche Zeiten hindurch die heroischen Taten der niemals endenden Bodhisattva-Aktivität auszuführen.

31

Um das Wohl der fühlenden Wesen zu bewirken,
braucht man das Heer der vier Kräfte:
Verlangen, Standfestigkeit, Freude und Ausgewogenheit.
Verlangen nach dem Guten entspringt
der Furcht vor dem Leiden und der Überlegung,
welche Vorzüge die Befreiung besitzt.

Wir benötigen diese vier Kräfte, um beharrliches Streben in die Tat umzusetzen. Die Kraft des Verlangens nach dem Guten, die die Wurzel aller Tugend ist, entwickelt man durch ständiges Nachdenken über die Konsequenzen unseres Verhaltens. Da nur eine positive Ursache eine positive Wirkung hervorbringt, wird auch die Buddhaschaft – der Zustand frei von Fehlern und reich an allen guten Eigenschaften – nur durch die Ansammlung von unendlichem Verdienst und die Bereinigung der zahllosen Fehler erlangt. Nun ist das Leben aber kurz, und wir haben nur sehr wenig Neigung, Heilsames zu tun. Strengen wir uns also an, dies ist der richtige Augenblick anzufangen!

* *Ratnamālā*, Tohoku-Katalog 3901

42

Wenn tugendhafte Menschen
den Wunsch, Gutes zu tun, in die Tat umsetzen,
werden sie überall
die Früchte der Tugend ernten.

43

Auch der Übeltäter wünscht sich Glück,
doch als Folge seiner Missetaten
wird er stets
von den Waffen des Leidens durchbohrt.

Als nächstes meditieren wir über die zweite Kraft, die der Standfestigkeit. Standfestigkeit heißt, das Selbstvertrauen zu stärken, so wie es im sechsten Kapitel des *Sūtra des diamantenen Banners** beschrieben wird.

47

Erst nach Prüfung seiner Kräfte
sollte man handeln oder davon ablassen.
Denn besser, man hält sich zurück,
als aufzugeben, was man einmal angefangen hat.

Man sollte immer vorher überlegen, ob man in der Lage ist, eine geplante Aktion auch wirklich auszuführen; ist dies möglich, sollten wir bis zum Ende durchhalten. Wenn wir dazu nicht instande sind, lassen wir lieber die Hände davon. Wenn man einmal damit angefangen hat, sich in unüberlegte Projekte zu stürzen, wird alles, was man tut, unfertig und fehlerhaft bleiben. Es ist also wichtig, seine Grenzen zu kennen.

* *Vajradhvaja-Sūtra*, ein Teil des *Avatamsaka-Sūtra*, Tohoku-Katalog 44

Selbstvertrauen darf nicht mit Stolz verwechselt werden. Stolz heißt, eine hohe Meinung von sich zu haben, die durch nichts gerechtfertigt wird, während Selbstvertrauen die berechtigte Gewißheit ist, etwas erreichen zu können. Diese Gewißheit, diese Entschlossenheit, sich nicht entmutigen zu lassen, ist eine große innere Kraft. Sie hilft uns bei der Ausführung unserer Taten, beim Umgang mit den Geistesgiften und gibt uns die dazu nötige Stärke. Gewöhnliche Menschen sind bereit, große Mühen für geringfügige Ziele auf sich zu nehmen. Wir, die wir ein so hohes Ziel verfolgen, sollten Vertrauen in unser Handeln haben und denken: «Ich selbst kann das Wohlergehen der Lebewesen erreichen, es gibt nichts, das über meine Kräfte geht.»

50

Die Welt wird von den Leidenschaften beherrscht
und kann sich nicht allein befreien.
Es ist also an mir, für sie zu handeln,
denn ich bin nicht so machtlos.

Wir sollten den Lebewesen jedoch nicht mit Stolz, dieser negativen Emotion, sondern mit großer Demut dienen.

55

Alles muß ich besiegen,
nichts soll mich bezwingen. –
Das ist der Stolz, der in mir erwachen soll.
Bin ich nicht der Sohn der Löwen, der Siegreichen?

Ein stolzer Mensch – stolz im guten Sinne – unterwirft sich nicht der Herrschaft der Geistesgifte; er unternimmt alles, um sie sich untertan zu machen. Er ist heldenhaft, weil er seinen Stolz dareinsetzt, den Stolz zu besiegen.

Wer zum Sklaven der Geistesgifte wird und bezweifelt, daß er sie jemals überwinden kann, ist ein Feigling. Es fehlt ihm an innerer Stärke, darum läßt er sich bei der erstbesten Gelegenheit von ihnen überrumpeln. Bieten wir den Geistesgiften die Stirn, und sie werden trotz all ihrer Macht keine Gewalt über uns haben.

61

Inmitten großer Gefahr schützt man sein Augenlicht.
Ähnlich bleibt der Bodhisattva
auch in schwerster Prüfung
unerschütterlich gegenüber den Leidenschaften.

Der Bodhisattva tut in jeder Situation, selbst um den Preis seines Lebens, nur das Gute. Sobald er den Erleuchtungsgeist erweckt hat, macht er sich mit großer Energie daran, ihn in all seinen Aspekten in die Tat umzusetzen. Er hält in sich den unersättlichen Wunsch wach, auf seinem Weg voranzukommen.

64

Die Vergnügungen der Welt
sind wie Honig auf einem Rasiermesser,
sie machen nicht satt.
Wie könnte man genug bekommen
vom Nektar heilsamer Handlungen,
die zu den süßen Früchten des Friedens heranreifen?

65

Und so eilt er schon zur nächsten guten Tat,
kaum, daß er eine vollbracht hat,
wie ein Elefant sich in sengender Mittagshitze
in den nächstliegenden Teich stürzt.

Immer, in allen unseren Leben, sind wir in weltliche Aktivitäten verwickelt, auf der Suche nach dem Glück. Da wir aber von den verstörenden Emotionen beherrscht werden, haben wir bisher nur Schwierigkeiten gekannt. Viele Leben haben wir so zugebracht. Ob als Mensch, Vogel, Insekt, Haustier oder als Tier in der Wildnis – ohne Unterlaß haben wir darum gekämpft, unsere Ziele zu erreichen, und doch nur wenig Befriedigung gefunden.

Heute, da wir in den Weg des Bodhisattvas eingetreten sind, wollen wir nicht vor den kleinen Schwierigkeiten zurückschrecken, die damit verbunden sind. Wenn wir, wie es gelegentlich vorkommen kann, auf dem spirituellen Weg in einen Zustand körperlicher und geistiger Erschöpfung geraten, ist es wichtig, innezuhalten und sich zu erholen, statt mit Gewalt weiterzumachen. Dadurch verhindern wir, daß unser Mitgefühl nachläßt und die nächsten Schritte des Weges darunter leiden.

Nachdem die Schwäche oder Entmutigung abgeklungen ist und sich das Heer der vier Kräfte (Verlangen nach dem Guten, Standfestigkeit, Freude und das Kennen seiner Grenzen) wieder gesammelt hat, sind wir bereit für die zentrale Übung des beharrlichen Strebens, die darin besteht, niemals in Bewußtheit und Wachsamkeit nachzulassen.

Während der Meditationssitzungen und dazwischen darf das Objekt der Konzentration nicht verlorengehen. Bei verminderter Unterscheidungsfähigkeit und Wachsamkeit riskieren wir, den Regeln ethischen Verhaltens zuwiderzuhandeln und die Gelübde zu brechen. Wir sind zwar zweifellos in der Lage, einige Augenblicke über den Erleuchtungsgeist zu meditieren, aber außerhalb dieser Zeit unterlaufen uns zahlreiche Fehler.

Es ist wichtig, ein harmonisches Gleichgewicht zwischen den verschiedenen Aspekten der Geistesschulung zu bewahren, selbst wenn man manchmal gezwungen ist, auf einen Aspekt mehr Betonung zu legen, um einer bestimmten Schwäche entgegenzuwirken. Mancher hat ein hohes Niveau der Meditationspraxis erreicht, versäumt es aber, wesentliche Punkte daraus durch Studium und Reflexion zu erhellen. Andere wiederum haben zwar ihre Zweifel durch analytische Betrachtung ausgeräumt, es fehlt ihnen jedoch die unmittelbare Erfahrung durch Meditation.

Ständige Wachsamkeit ist der beste Schutz gegen die Geistesgifte. Wer damit ausgerüstet ist, kann ihnen auf dem Schlachtfeld entgegentreten und sie vernichten.

68

Wer im Gefecht sein Schwert verliert,
bückt sich rasch, um es wieder zu ergreifen.
So beeilt sich der Übende,
wenn er an die Höllen denkt,
das Schwert der Bewußtheit wieder zu fassen,
sobald es ihm entgleitet.

Die Bewußtheit muß klar und hellwach sein, sonst droht Gefahr:

69

Wie Gift sich im Körper verbreitet,
sobald es im Blute kreist,
so durchdringt die Kraft des Üblen den Geist,
wenn es einen Spalt zum Eindringen findet.

70

Wie einer, der mit gesammelter Aufmerksamkeit
einen randvollen Krug Öl
durch eine Armee von Bewaffneten trägt,
die mit gezückten Schwertern ihn zu töten drohen,
falls er eine falsche Bewegung macht,
so wie er soll der Übende
auf seinem Weg der Vervollkommnung fortschreiten.

73

Jedes Versagen soll er bereuen und überlegen,
wie er es in Zukunft verhindern kann.

74

In jeder Lage soll er Bewußtheit aufrechterhalten
und deshalb die Nähe der Weisen suchen.

Kurz gesagt, wer sich in seiner Praxis mit Geschick und Wachsamkeit übt, überwindet Müdigkeit und alle anderen Ablenkungen. Er hat keine Angst vor den Mühen des spirituellen Weges und geht ihn mit Freude.

75

Wie eine Baumwollflocke den Bewegungen
des Windes gehorcht, will ich mich
von beharrlichem Streben leiten lassen.
So erreiche ich mein Ziel.

Am Anfang ist der Weg schwierig, und das Ziel scheint in unerreichbarer Ferne. Aber mit der Zeit und durch Gewöhnung – und vorausgesetzt, man geht in der richtigen Reihenfolge vor – wird es einfacher. Lassen Sie keine Stufe aus, und seien Sie nicht zu angespannt. Fangen Sie mit einer Übung an, die Ihnen zusagt. Wenn die richtigen Bedingungen zusammentreffen, wird die Praxis dann ständig tiefgründiger und umfassender werden, und Sie werden mehr und mehr Freude daran finden.

8. Meditation

I

Nachdem der Bodhisattva Beharrlichkeit entwickelt hat,
sollte er seinen Geist in Meditation versenken.
Ein Mensch mit zerstreutem Geist
gerät in die Fänge der Geistesgifte.

Um unserer Praxis mehr Kraft zu verleihen, üben wir uns in meditativer Sammlung und denken über die Folgen der Ablenkung nach. Aufgrund mangelnder Konzentration wird unser Geist von Gedanken überflutet, unsere Meditation wird störbar, und unsere heilsamen Handlungen erzielen nicht mehr ihre volle Wirkung. Ablenkung ist also das Hauptübel, dem wir durch die Entwicklung Geistiger Ruhe entgegenwirken müssen.

Die Meditation der Geistigen Ruhe *(shamatha)* wird in vielen buddhistischen und nichtbuddhistischen Traditionen geübt. Unentbehrlich für eine vollkommene Sammlung, ist sie eine wirksame Unterstützung aller anderen Übungen. Sie läßt uns die verschiedenen Ebenen der Meditation erreichen, bis hin zur «Abwesenheit von Phänomenen», die die dritte Stufe des Geistes ohne Form darstellt; hier befinden sich die Geistesgifte im Zustand der Latenz. Ohne das Fundament der Geistigen Ruhe kann Vipashyanā, die Durchdringende Einsicht in die wahre Natur der Phänomene, nicht verwirklicht werden.

Vollkommene Sammlung ist besonders wichtig, um die Sicht der Leere zu erreichen, die von der Schule des Mittleren Weges gelehrt wird und Sūtra und Tantra gemeinsam ist. Diese Sicht zu erreichen heißt, sich mit Hilfe analytischer Meditation Gewißheit darüber zu verschaffen, daß Phänomene keine wirkliche, ihnen innewohnende Existenz besitzen. Wenn uns das gelungen ist, müssen wir versuchen, diese Gewißheit mit Hilfe der vollkommenen Sammlung zu bewahren, denn die Gefahr, sie wieder zu verlieren, ist immer gegeben. Je mehr sich unsere Sammlung stabilisiert, um so klarer wird unser Verständnis der Leere.

Was versteht man unter Meditation? Es gibt die analytische Meditation, die durch wiederholtes analytisches Untersuchen das Wesen des untersuchten Objektes mit einer daraus resultierenden intellektuellen Gewißheit begreift. Die kontemplative Meditation läßt den Geist, auf der Basis dieser Gewißheit, in einem Zustand gelassener Klarheit verweilen. Die Visualisation von Gottheiten und die Übung in Geistiger Ruhe werden ebenfalls als kontemplative Meditation bezeichnet, da sie eher meditative Sammlung als analytisches Denken erfordern.

Man kann auch über Hingabe oder Mitgefühl meditieren, um sie dadurch zu entwickeln und ihre Bedeutung zu verstehen. Oder über Vergänglichkeit, darüber, wie Phänomene in jedem Augenblick entstehen und vergehen. Meditation über das wahre Wesen der Phänomene schließlich läßt uns erkennen, daß diese keine wirkliche, ihnen innewohnende Existenz besitzen. Kurz gesagt, Meditation ist Geistesschulung, Entwicklung, Transformation. Die Hauptstütze der Geistigen Ruhe ist eine vollkommene Sammlung, der wichtigste Gegenstand der Meditation ist der altruistische Erleuchtungsgeist.

Um Meditation unter günstigen Bedingungen zu üben und um gute Resultate zu erzielen, müssen wir uns vor Ablenkung schützen, die unsere Sammlung stört und den Geist zum Abschweifen animiert. Körperliche und geistige Abgeschiedenheit, wie sie durch den Aufenthalt an einsamen Orten ermöglicht wird, ist dazu am geeignetsten, sie erleichtert das Sich-Lösen von weltlichen Dingen.

3

Anhaften und Begierde
verhindern die Abkehr vom weltlichen Leben.
Um sie zu überwinden,
soll der Weise folgende Überlegung anstellen:

4

Wenn Geistige Ruhe
mit Durchdringender Einsicht verbunden wird,
kann man die Geistesgifte besiegen.
Strebe also zuerst nach der Ruhe des Geistes,
die durch den festen Entschluß,
der Welt zu entsagen, entsteht.

Wir vergänglichen Wesen – wie können wir uns nur an andere, ebenso vergängliche Wesen klammern? Die Objekte unserer Begierde sind vergänglich, in Tausenden von zukünftigen Existenzen werden wir sie niemals wiedersehen. Das gleiche gilt für die Objekte unseres Hasses, wie abscheulich sie auch sein mögen. Warum also hassen? Wessen Geist von Begierde und Haß gequält wird, dem wird es nicht gelingen, seine geistige Sammlung zu bewahren.

7

Er sieht nicht die Wirklichkeit,
er verliert seine Abscheu vor dem weltlichen Treiben,
er leidet unsäglich unter der Sehnsucht,
mit dem, was er begehrt, vereint zu sein.

8

Und so vergeudet er sinnlos
Stunde um Stunde seines kurzen Lebens.
Um vergänglicher Freundschaften willen
gibt er die ewig beständige Lehre auf.

9

Wenn er den Narren nacheifert,
gerät er auf den falschen Weg und wird unweigerlich
in die niederen Bereiche des Daseins wandern.
Warum sich also in ihre Gesellschaft begeben?

Gewöhnliche Menschen gleichen Kindern oder Narren; ihre Emotionen, ihre Begierden, ihr Haß sind ohne Maß. Es ihnen gleichzutun, führt zu nichts, und helfen kann man ihnen kaum. Sie lassen nicht zu, daß man anders ist als sie. Eben noch waren sie unsere Freunde, im nächsten Augenblick sind sie unsere Feinde. Man glaubt, ihnen gefällig zu sein, sie aber sind gekränkt: Es ist keine leichte Aufgabe, sie zufriedenzustellen.

13

Sich selbst loben, andere herabsetzen,
Gespräche über weltliche Vergnügung:
der Narr lernt vom Narren nur Unheilvolles.

14

Wenn sie zusammenkommen,
bedeutet es verdoppeltes Übel;
keiner hat etwas davon.

Es ist besser, den Narren aus dem Weg zu gehen, ohne sie jedoch zu kränken. Trifft man sie, ist man freundlich und gefällig, ohne sich mit ihnen einzulassen.

16

Ich will nur von dem nehmen,
was meiner Geistesschulung förderlich ist,
wie die Biene,
die nur den Nektar der Blüten trinkt;
ein Fremder will ich in der Welt sein,
ohne vertraulichen Umgang mit anderen.

An vergänglichem Vergnügen festzuhalten, zeugt von Blindheit, weil der Geist – von einem falschen Glück getäuscht – sein Vergnügen sich bald in tausendfach stärkeres Leiden verwandeln sieht.

19

Wenn du klug bist, suchst du nicht das Vergnügen,
denn diese Suche birgt Gefahr.
Vergnügen sind vergänglich,
begreife das und bleibe standhaft!

20

Reiche und Berühmte gab es viele –
mit all ihrem Reichtum, ihrem Ruhm,
wohin sind sie gegangen?
Keiner weiß es.

Es lohnt sich nicht, über Lob und Ehren, die einem zuteil werden, erfreut zu sein und sich zu grämen, wenn man abgewertet und kritisiert wird. Alle Wesen haben so verschiedene und widersprüchliche Sehnsüchte, daß es schwer ist – besonders für uns gewöhnliche Menschen –, sie zufriedenzustellen. Selbst den Buddhas gelingt dies nicht. Warum sich also das Urteil anderer zu Herzen nehmen?

Alles, wovon wir hier gesprochen haben, verdeutlicht die Abträglichkeit menschlicher Gesellschaft und die Notwendigkeit, Distanz zu halten. Um uns zu einem zurückgezogenen Leben zu ermutigen, preist Shāntideva die Abgeschiedenheit einsamer Orte mit folgenden Worten:

26

Weder Vögel noch wilde Tiere,
noch die Bäume in den Wäldern
sagen jemals etwas Unfreundliches,
sie leben in Frieden miteinander.
Wann werde ich unter ihnen leben können?

27

Wann werde ich in verlassenen Tempeln weilen,
zu Füßen der Bäume oder in Höhlen,
in Gleichmut,
ohne einen Blick zurück?

An solch entlegenen Plätzen wird man vom Haften an materiellen Gütern und seinem Körper ablassen und sich völlig der Meditation widmen.

29

Als Besitz nur eine tönerne Schale
und ein Gewand,
das keinem Dieb von Nutzen ist –
wann werde ich, von Ängsten befreit
und ohne auf meinen Körper achten zu müssen,
so leben?

34

Wie ein Reisender an einem Rastplatz anhält,
so halten sich die Lebewesen
auf der Reise durch den Kreislauf der Wiedergeburten
in diesem Leben auf.

35

Ehe ihn die vier Leichenträger
von seinen weinenden Angehörigen forttragen,
sollte er sich in die Einsamkeit
der Wälder zurückziehen.

36

Frei von Anhaften, frei von Abneigung,
nichts als ein einsamer Körper,
für die Welt schon gestorben,
so betrübt er niemanden mit seinem Tod.

Hier kann niemand die Gedanken des Bodhisattva von

Buddha und seiner Lehre ablenken. Von allen weltlichen Sorgen befreit, ist er ganz darauf gesammelt, seinen Geist zu meistern. Dies sind die Vorzüge eines Lebens an friedlichen, abgeschiedenen Orten.

Der Geist hat die Gewohnheit, an den Erfahrungen festzuhalten, die durch Sehen, Hören, Riechen, Schmecken und Fühlen ausgelöst werden. Er unterliegt ständig der Anziehungskraft, die äußere Objekte auf ihn ausüben, und dies stört die spirituelle Übung. Der *Eintritt in den Weg zum Erwachen* wurde ursprünglich für Mönche verfaßt; deshalb werden in diesem Kapitel die Nachteile sinnlicher Freuden und die abstoßenden Aspekte des Körpers, besonders die des weiblichen Körpers, herausgestellt. Als Frau kann man die gleichen Überlegungen anstellen, indem man sich die abstoßenden Aspekte des männlichen Körpers vor Augen führt.

41

Sieh dir diese Knochen an! Dafür hast du dich
um Vermittler und Vermittlerinnen bemüht,
dafür hast du gesündigt und dich in Verruf gebracht,
dein Leben riskiert, deine Habe vergeudet.

42

Als du sie umarmtest,
erschien dir das als der Gipfel des Glücks.
Nun denn! Es sind nichts als Knochen,
die nur in Abhängigkeit existieren,
ohne ein eigenständiges Wesen.

43

Wie kannst du sie
noch immer begehren?
Auf was wartest du noch,
um alle Leiden zu überschreiten?

Genaugenommen ist die Person, die man so begehrt und für die man alle möglichen Schwierigkeiten auf sich genommen hat, eine Ansammlung von Fleisch, Organen und unreinen Bestandteilen. Was daran übt diese Anziehungskraft aus, der Körper oder der Geist? Wenn man versucht, eine Antwort darauf zu finden, zeigt sich, daß man nicht in der Lage ist, ein konkretes Objekt zu nennen.

54

Du sagst, du liebst dieses Fleisch,
begehrst es zu sehen und zu berühren.
Begehrst du es noch,
wenn das Leben aus ihm gewichen ist?

55

Das, was du zu lieben meinst – den Geist –,
siehst du nicht und kannst du nicht berühren.
Dies kannst du mit dem Körper,
doch er weiß nichts davon.
Ist es nicht vergeblich, ihn zu umarmen?

Der Körper setzt sich aus unsauberen Bestandteilen zusammen: Knochen, Fleisch, Blut, Organe. Empfindet man sie nicht als abstoßend, wenn man sie verstreut am Boden vor sich sieht?

63

Glaubst du nicht an die Unreinheit des Körpers,
die doch so offensichtlich ist,
dann sieh dir die anderen abstoßenden Körper an,
die auf den Leichenacker geworfen werden.

Alle Getränke und Speisen, die wir zu uns nehmen, verwandeln sich ständig in Exkremente. So betrachtet, ist der Körper ebenso abstoßend wie eine Jauchegrube. Er entsteht aus Unreinem, besteht aus Unreinem und erzeugt Unreines. Wie es in der *Juwelengirlande* heißt, vermindern derartige Überlegungen zumindest die Attraktion des Körpers für uns, wenn sich das Haften daran auch nicht vollständig auflöst.

Selbst der schönste Körper macht einen schaudern, wenn ihm die Haut abgezogen ist. Sieht man ihn aufgeschnitten auf einem Operationstisch vor sich, fühlt man sich unbehaglich, und die Begierde danach macht einem Gefühl von Abscheu Platz. Das Haften am Körper ist die größte aller Verirrungen, die es abzulegen gilt.

70

Der Anblick einiger Skelette auf dem Leichenacker
ekelt dich. Doch in deinem Dorf,
voll der wandelnden Skelette,
fühlst du dich wohl.

Viele Menschen leiden darunter, nicht den idealen Partner zu finden. Hat man ihn dann getroffen, ist es nicht ohne Mühen, ein gemeinsames Leben aufzubauen. Der Erfolg einer Beziehung hängt von so vielen Faktoren ab, daß man unweigerlich viele Probleme zu bewältigen hat. Nicht alles entwickelt sich, wie man es erhofft hat. Man streitet mit dem Partner, hat keine oder zu viele Kinder, oder Schwierigkeiten, sie aufzuziehen... Am Anfang voller Begeisterung, findet man sich nun in einem Räderwerk von Problemen gefangen. In den Sūtras heißt es: «Das häusliche Leben ist trostlos.» Auch wenn wir nach Ruhm und Reichtum streben, werden wir oft nur Sklaverei finden:

79

Vergiß nicht: Die Mühen,
Güter zu gewinnen und sie sich zu erhalten,
der bittere Schmerz, sie wieder zu verlieren,
machen materielles Glück zu einem großen Unglück.
Menschen, die ihr Herz an Reichtümer hängen,
werden davon abgelenkt und unfähig,
sich aus dem Leiden dieser Existenz zu befreien.

Welche Anstrengungen kostet es, Reichtümer anzusammeln! Ist der Wohlstand einmal da, lebt man in der ständigen Angst, ihn wieder zu verlieren. Des Geldes wegen trennen sich Eheleute, entzweien sich Bruder und Schwester. Menschen riskieren ihr Leben, um ihren Besitz zu retten.

Während einige unter ihrer Armut leiden, leiden andere unter ihrem Reichtum.

80

Dies sind die Leiden der Menschen,
die Opfer ihrer Begierde wurden;
ihre nichtigen Freuden sind so viel wert
wie das bißchen, was der Ochse bekommt,
der den Karren zieht.

Für ein Stäubchen Glück verpfuschen Menschen ihr kostbares und vergängliches Dasein als Mensch, das so schwer zu erlangen ist.

81–83

Für vergängliche Vergnügen verschreibt man sich
der Hölle und all den Sphären der Qual.
Nichts als Mühe haben wir
seit undenkbaren Zeiten
für nichtige Ziele aufgebracht!
Ein Bruchteil dieser Mühen
hätte uns zum Erwachen verhelfen können.
Die Sklaven der Begierde
leiden durchaus mehr als die Bodhisattvas –
und erreichen doch nicht die Erleuchtung.

Wenn wir darüber nachdenken, was für nachteilige Auswirkungen innere Unruhe hat und wie wenig wünschenswert die Dinge sind, die sie verursachen, wird der Strom unserer Gedanken sich beruhigen. Mit klarem Geist können wir uns dann auf die heilsame Wirkung des Erleuchtungsgeistes konzentrieren.

Wenden wir uns nun der wichtigsten Meditation des Erleuchtungsgeistes zu, die darin besteht zu erkennen, wie ähnlich andere uns sind, und sich darin zu üben, mit ihnen die Rollen zu tauschen.

Dazu sagte Shāntideva schon im ersten Kapitel (7. Vers) des *Bodhicharyāvatara* über das «Annehmen des Erleuchtungsgeistes»:

Die mächtigen Buddhas
haben während zahlloser Zeitzyklen Meditation geübt;
am Ende konnten sie den Segen sehen,

der sich daraus ergibt:
Das angesammelte Glück
läßt den unermeßlichen Strom der Wesen
von Freude überfließen.

Vor seiner Erleuchtung fragte sich der Buddha: «Wie kann ich den Lebewesen helfen?» Im Licht seiner eigenen Erfahrung sah er, daß es keine bessere Methode gibt als Bodhichitta, den Erleuchtungsgeist – das heißt, sich an die Stelle anderer zu versetzen und sie an die eigene. Dies haben auch alle anderen Buddhas und Bodhisattvas gelehrt. Die Meister der Kadampa-Linie haben uns genaue Anleitungen hinterlassen, wie wir dies mit Hilfe von Weisheit und Methode üben können. Durch diese Praxis, verbunden mit der rechten inneren Haltung, läutern wir unseren Geist und sammeln mühelos unermeßliches Verdienst an, wie es Buddha Shākyamuni drei große Weltzeitalter hindurch getan hat. Alle seine direkten Schüler, Nāgārjuna und dessen spirituelle Söhne sowie alle großen Meister bis hin zu unseren heutigen Lehrern, haben diesen Entschluß zum Herzstück ihrer Praxis gemacht: andere mehr zu lieben als sich selbst. Auf diese Weise ist es ihnen gelungen, die Hoffnungen und Wünsche anderer und ihre eigenen zu erfüllen.

Überall auf der Welt gibt es Menschen, die von jedermann geachtet und geschätzt werden, ganz gleich, ob sie einer Religion angehören oder nicht. Was haben sie gemeinsam? Herzensgüte, Altruismus, den uneingeschränkten Wunsch, die Leiden anderer zu lindern. Und es gibt Menschen, deren Namen allein uns Schrecken einflößen, weil sie entsetzliches Leid über die Menschheit gebracht haben. Welches auch immer ihre Motivation war – blind vor Haß, Hochmut und Egoismus haben sie ganze Völker terrorisiert und gepeinigt. Zuneigung oder Abneigung, die wir in anderen hervorrufen, stehen also im Zusammenhang mit unserer Gut- beziehungsweise Böswilligkeit.

Was mich persönlich betrifft – wenn ich mich frage, warum alle möglichen Menschen mir wohlgesonnen sind, finde ich nicht, daß ich irgendwelche außergewöhnlichen Eigenschaften besitze. Ich lege lediglich jedem eine liebevolle Einstellung gegenüber anderen ans Herz und bemühe mich selbst, diese zu entwickeln. Es passiert mir manchmal, daß ich schlecht gelaunt bin, aber ich glaube ehrlich sagen zu können, daß ich niemals die Absicht habe, jemandem Schaden zuzufügen. Ich gebe nicht vor, die geringste der Eigenschaften zu besitzen, die mit dem Erleuchtungsgeist einhergehen, aber ich strebe mit ganzem Herzen danach, sie zu verwirklichen. Ich empfinde tiefe Freude, wenn ich an den unschätzbaren Wert des Erleuchtungsgeistes denke und an das Gute, das er hervorbringt. Das ist alles. Ich versuche aufrichtig, mich dem so gut wie möglich anzunähern und andere wichtiger zu nehmen als mich selbst. Ich glaube, die Menschen mögen mich einfach wegen meines guten Herzens.

Oft heißt es, daß ich für den Frieden arbeite. Einerseits beschämt mich das, und andererseits muß ich darüber lachen. Ich habe gar nicht den Eindruck, irgend etwas für den Weltfrieden getan zu haben. Meine Übung ist der Weg der Liebe, des Mitgefühls, der Freude und der Unparteilichkeit. Darüber hinaus habe ich nichts Besonderes erreicht. Ich bin ein Schüler des Buddha, und der Buddha hat gelehrt, daß Geduld das beste Mittel zur Überwindung des Leidens ist. Er hat gesagt: Der Mönch, der seinem Nächsten schadet, ist kein wirklicher Praktizierender. Ich bin ein buddhistischer Mönch, und dies sind die Lehren, die ich in die Praxis umzusetzen versuche. Die Leute denken, daß das außergewöhnlich ist, und halten mich für eine wichtige Persönlichkeit, ein Symbol des Friedens in der Welt. Das ist mir peinlich ... [Lachen]

Das gute Herz ist eine Quelle, der unermeßlich viel Gutes entspringt. Wir alle können es entwickeln, es hängt ganz von unserer Motivation und unserer Entschlossenheit ab. Die beste Motivation ist der altruistische Erleuchtungsgeist – das bedeutet ein gutes Herz, das von Weisheit durchdrungen ist, der Wunsch und der Mut, den Zustand der Buddhaschaft zu erreichen mit dem Ziel, alle Wesen dorthinzuführen.

Wenn wir erkennen, wieviel Gutes wir durch andere Wesen erfahren haben, werden wir Dankbarkeit und Liebe empfinden. Diese verwandeln sich in Mitgefühl, wenn wir sie dem Zugriff des Leidens ausgesetzt sehen. Es ist das Mitgefühl, das uns Kraft gibt, die Verantwortung für ihre Befreiung zu übernehmen.

In der buddhistischen Lehre gibt es zwei Wege zur Entwicklung von Liebe. Der eine führt über das Erkennen, daß jedes Wesen einmal im Laufe der unendlichen Reihe unserer Wiedergeburten unsere Mutter, unser Vater war; dadurch entsteht Mitgefühl für ihre Leiden. Der zweite Weg besteht darin, über die Nachteile des Egoismus und die Vorzüge des Altruismus nachzudenken und den anderen erst genauso wichtig und dann wichtiger als sich selbst zu nehmen. Wir sollten uns den Weg aussuchen, der unseren persönlichen Neigungen mehr entspricht und der eher eine Geisteswandlung in uns bewirken kann. Wir können aber auch beide kombinieren.

Auf jeden Fall müssen wir uns der Leiden anderer bewußt werden. Es fällt uns leicht, Mitgefühl zu empfinden angesichts von Hungersnot, Armut, Krankheit, der Ausbeutung und dem Abschlachten von Tieren. Denjenigen gegenüber, die die Befriedigungen der höheren Daseinsbereiche genießen, empfinden wir jedoch eher Eifersucht und Feindseligkeit. Das kommt daher, daß wir nichts von den Frustrationen und dem Leiden wissen, denen sie ausgesetzt sind.

Im Kreislauf der Wiedergeburten entgeht niemand dem Leiden: Zu schon vorhandenem Leid kommt neues hinzu, Veränderung gebiert Leid – Leiden ist allgegenwärtig, kein Glück ist dauerhaft. Nachdem wir das Elend unserer eigenen Situation erkannt haben, werden wir nun auch des Schicksals der zahllosen anderen Lebewesen gewahr und suchen aus einem Impuls des Mitgefühls heraus nach Mitteln, sie aus dem Ozean des Leidens zu befreien. Solange wir selbst aber an den Daseinskreislauf gekettet sind, ist dies ein unerreichbares Ziel. Wir müssen uns deshalb von dem Haften an diesem und an zukünftigen Leben lösen, indem wir über die Vergänglichkeit, die Allgegenwart des Todes und die Qualen, die uns in den niederen Daseinsbereichen erwarten, nachdenken. Sollten wir zum Beispiel als Tier wiedergeboren werden, sind wir Menschen ausgeliefert, die uns ausbeuten und quälen. Wir müssen ständig um unser Überleben kämpfen, wir fressen andere und werden gefressen.

Der Weg zur Befreiung erfordert die Anwendung spezieller Methoden. Wir hegen vielleicht die Hoffnung, ihn innerhalb einiger Jahre bis zum Ende gehen zu können, doch unsere Reise wird zweifellos sehr viele Leben in Anspruch nehmen. Bereiten wir uns also auf diese Möglichkeit vor, und dies um so mehr, als es nicht sicher ist, ob wir erneut ein Leben als Mensch erlangen werden, was die einzige Gelegenheit ist, zur Buddhaschaft fortzuschreiten. Wir sollten daher alles daran setzen, die Zehn Negativen Handlungen[51] zu unterlassen, so wie es in den *Vierhundert Versen** von Āryadeva erklärt wird.

Kurz, wir beginnen damit, uns von unserem Haften an dieses und an zukünftige Leben zu lösen. Dann fassen wir – aus dem Verständnis heraus, daß der Kreislauf der Wiedergeburten gleichbedeutend ist mit Leiden – den

* *Chatuhshataka-Shāstra-Kārikā*, Tohoku-Katalog 3846

Entschluß, uns aus Samsāra zu befreien. In diesen Entschluß beziehen wir alle Lebewesen mit ein und entwikkeln so schließlich Mitgefühl, die Lebenskraft des Erleuchtungsgeistes. Auf diese Weise üben wir unseren Geist wie jemand, der Stufe um Stufe erklimmt, um die oberste Etage eines Hauses zu erreichen.

Damit unser Fortschritt auf dem Weg kontinuierlich und unumkehrbar wird, müssen wir die verschiedenen Etappen des Weges kennen und dann voranschreiten, wobei wir uns versichern müssen, die jeweils vorausgegangene Stufe korrekt abgeschlossen zu haben. Wir mögen noch so begeistert sein von dem Gedanken, anderen zu helfen – wenn die vorbereitenden Stufen vernachlässigt werden, bleibt dieses Ideal eine unklare Vorstellung, die wenig bewirkt. Wer die Stufenfolge des Weges beachtet, legt ein solides Fundament für seine Vervollkommnung.

Zu Beginn unserer Meditationspraxis sollten wir, um das Niveau unserer eigenen Praxis beurteilen zu können und sie zu meistern, eine klare Vorstellung von Struktur und Modalitäten der Geistesschulung haben. Wenn wir regelmäßig praktizieren, werden wir große Veränderungen während der Meditationssitzungen erfahren. Sobald wir jedoch in unserer Sammlung nachlassen, wird unsere Praxis stagnieren. Die meditative Erfahrung ist in diesem Stadium noch an unsere Anstrengung gebunden. Wenn wir aber beharrlich bleiben, werden wir an einen Punkt gelangen, von dem an wir die analytische Meditation nicht mehr nötig haben. Im gleichen Augenblick, in dem der Gegenstand der Meditation vor unserem geistigen Auge erscheint, erleben wir eine tiefe innere Wandlung; die meditative Erfahrung ist spontan eingetreten.

Nehmen wir als Beispiel den Erleuchtungsgeist. Solange er nur dann zum Ausdruck kommt, wenn wir uns angestrengt darum bemühen, oder nur, wenn unsere Meditation sehr gut verläuft, ist diese Erfahrung künstlich. Kommt uns aber beim Anblick eines Tieres, etwa eines Vogels, ganz spontan der Gedanke: «Wann wird er zu einem Buddha werden können?», dann ist die Erfahrung echt geworden; der Erleuchtungsgeist ist nun ein Teil unseres Wesens. Jetzt werden wir zu Recht ein Praktizierender des Mahāyāna genannt und haben den ersten Abschnitt des Weges des Ansammelns erreicht.

Mit der Entwicklung unserer Weisheit erreichen wir den mittleren Abschnitt dieses Weges, der den Anfang der drei Weltzeitalter des Ansammelns von Verdienst und Weisheit markiert. Daraufhin gelangen wir, Schritt für Schritt, zum letzten Abschnitt des Weges des Ansammelns und zu den vier Abschnitten des Weges des Vereinigens – Wärme, Gipfel, Akzeptieren und höchste Vorstellung. Wenn wir dann in den Weg des Sehens eintreten, was der ersten Bodhisattva-Stufe[52] gleichkommt, manifestiert sich die ursprüngliche Weisheit in uns. Von dort aus bis zur zehnten Bodhisattva-Stufe fortschreitend, erreichen wir den Weg jenseits der Wege und werden zum Buddha. Die Fünf Wege und zehn Bodhisattva-Stufen sind Stadien einer langsamen inneren Wandlung.

90

Zunächst sollte man reiflich bedenken,
wie ähnlich man den anderen ist:
«Sie erfahren Freude und Leid genau wie ich.
Darum muß ich sie beschützen wie mich.»

Inwiefern gleichen uns andere Lebewesen? Es liegt sowohl in ihrer als auch in unserer Natur, Glück zu erstreben und Schmerz zu scheuen. Obwohl durch analytische Untersuchung die Nicht-Existenz eines Selbst im Individuum aufgezeigt werden kann, bleiben wir trotzdem weiterhin von seiner Existenz überzeugt und meinen, daß wir ein Recht darauf haben, glücklich zu sein. All die zahllosen Wesen haben genau die gleichen Bestrebungen wie wir. Es gibt keinen Grund, warum unser Schicksal mehr Gewicht haben sollte als das ihre. Wie Shāntideva schreibt: «Welches Recht hätte ich, allein für meine Person nach Glück zu streben? Welches Recht auf Schutz hätte ich für mich allein – ohne die anderen?» Setzen wir uns in gleicher Weise gegen das Leiden der anderen zur Wehr, wie wir es für uns selbst tun! Seien wir genauso um ihr Wohlergehen besorgt wie um unser eigenes! Wenn wir unseren Körper schützen, betrachten wir seine Teile als eine Einheit und schützen sie alle gleichermaßen. Auch die Lebewesen bilden eine Einheit, sie alle fühlen Schmerz und Freude, und alle Teile dieser Einheit sollten gleich behandelt werden.

Unseren Schmerz können andere nicht fühlen, für uns aber ist er schwer zu ertragen. Es ist legitim, ihn vermeiden zu wollen. Ebenso verhält es sich mit den Schmerzen der anderen; daß wir sie nicht spüren, macht sie ihnen nicht weniger unerträglich. Da wir also alle durch das gleiche Leid verbunden und uns im wesentlichen ähnlich sind, verdienen es auch ihre Schmerzen, gestillt zu werden.

94

Den Schmerz der anderen muß ich bekämpfen,
weil es genauso Schmerz ist wie mein eigener.
Die anderen sind fühlende Wesen genau wie ich.
Deshalb muß ich zu ihrem Wohl handeln.

97

«Die Schmerzen der anderen beeinträchtigen mich nicht!» –
Ist das ein Grund, sie nicht davor zu bewahren?
Mich beeinträchtigt ja auch der Schmerz nicht,
den ich erst in Zukunft erfahre.
Warum versuche ich dann, mich davor zu schützen?

Wer darauf antwortet: «Weil ich der Betroffene bin», setzt voraus, daß es sich immer um dasselbe Ich handelt, das leidet. Das ist falsch, denn das, was wir Ich nennen, ist nichts als eine Abfolge flüchtiger Bewußtseinsmomente, und unser jetziges Ich ist nicht genau dasselbe wie das, das zu einem späteren Zeitpunkt leiden wird.

99

«Es ist an dem, der leidet, sich dagegen zu wehren!»
Der Schmerz im Fuß
ist nicht der der Hand,
warum aber schützt sie den Fuß?

Wenn jeder sich nur um das kümmern würde, was ihn angeht, sollte die Hand sich auch nicht um den Schmerz des Fußes kümmern, denn dieser ist ein anderes Körperteil.

101

Was man «Kontinuität» nennt, was man «Aggregate» nennt,
das ist eine Täuschung wie «Rosenkranz» oder «Armee».
Wer immer leidet, den gibt es nicht wirklich –
wer könnte also von «seinem» Leiden sprechen?

102

Alle Leiden sind herrenlos –
in ihrer Eigenschaft als Leiden
muß ich sie bekämpfen.
Wo sollte ich da Grenzen ziehen?

«Ich» und «Lebewesen» sind nicht Bezeichnungen für unabhängige Entitäten, es sind irreführende Namen, die einer Abfolge unbeständiger Elemente gegeben werden, etwa so, wie «Rosenkranz» eine Reihe von Perlen oder «Armee» einen Zusammenschluß von Soldaten bezeichnet. Wenn aber die Lebewesen nicht wirklich existieren, könnte man sich fragen, wer überhaupt dem Leiden ausgesetzt ist und warum man es bekämpfen soll. Obgleich unser Ich keine reale Existenz hat, möchten wir doch alle von Leiden verschont bleiben. Dies ist ein ausreichender Grund, es lindern zu wollen.

103

Wenn das Leiden bekämpft werden soll,
dann überall!
Wenn nicht, dann nirgendwo,
auch nicht mein eigenes!

Manche Menschen sagen, wenn man ihnen von Mitgefühl spricht: «Ich habe selbst bereits genug Probleme! An die Qualen anderer zu denken, verstärkt nur meine Ängste.» Unser Kummer zählt jedoch nichts im Vergleich mit dem Elend in der Welt, er ist eher positiv und sinnvoll: ein kleines Leiden stellvertretend für unermeßliche große Qualen. Unser Geist sollte stark und offen sein. Mitgefühl wird uns nicht zum Schaden gereichen.

105

Wenn die Leiden der vielen
durch das Leid eines einzelnen beendet werden können,
soll er, bewegt von Mitgefühl für sich und die Wesen,
es willentlich auf sich nehmen.

Durch unsere Gleichgültigkeit lassen wir zu, daß unendliches Leid sich immer wiederholt; wenn wir uns aber aus Mitgefühl anstrengen, anderen zu helfen, können wir unendliches Leid lindern.

107

Wenn sie ihren Geist so ausgerichtet haben,
wenn es ihre Freude geworden ist,
den Schmerz der anderen zu stillen,
tauchen die Bodhisattvas
in die Höllenbereiche hinab wie Schwäne in einen Lotossee.

108

Die Befreiung aller Wesen
ist ihnen ein überfließendes Meer der Freude.
Was wiegt dagegen
die eigene Befreiung vom Leid!

Der Bodhisattva, der die Rüstung des Mutes anlegt und für den Preis eigenen Leides die Leiden zahlloser Wesen lindert, hat allen Grund, voller Freude zu sein. Welchen Nutzen könnte es für ihn haben, nur sich selbst zu befreien?

109

Wer etwas für einen anderen tut, darf sich
nichts darauf einbilden oder selbstgefällig werden.
Nicht um Belohnung soll es ihm gehen, nur eins:
das Glück der anderen sei seine ganze Leidenschaft.

Man sollte den Gedanken, auf diese Weise das eigene Verdienst zu mehren und die Grundlage für künftiges Glück zu legen, nicht aufkommen lassen, sondern das Verdienst seiner Handlungen, ohne auf karmische Belohnung zu hoffen, von ganzem Herzen den anderen widmen.

Kommen wir nun zum Rollentausch zwischen uns und den anderen. Diese Meditationstechnik besteht darin, sich an die Stelle anderer zu versetzen und sie an die unsere. Wenn wir uns darin üben, werden uns das Wohlergehen und die Probleme anderer wichtiger als unsere eigenen. Unsere Herzensgüte wird dadurch so stark werden, daß wir nicht mehr zögern, unser Leben zu opfern. Diese Eigenschaften entwickeln sich fast von selbst, wenn wir realisieren, daß Eigenliebe nur unheilvolle Konsequenzen hat. Welches Gewicht haben wir schon als einzelner angesichts der unendlichen Zahl der Wesen...

114

Die Glieder, als Teile meines Körpers,
erscheinen mir wichtig,
die Menschen, als Teile der Menschheit,
etwa nicht?

Der Gedanke, andere zu beschützen und zu lieben, muß uns zur Gewohnheit werden. Lassen wir uns nicht von

Schwierigkeiten abschrecken! Der Geist ist anpassungsfähig, er kann durch Übung verändert werden.

120

Wer sich und andere schnell retten will,
muß das große Geheimnis kennen:
sich an die Stelle der anderen zu versetzen
und sie an die seine.

Dies ist eine unfehlbare Methode, um alle Lebewesen, uns selbst eingeschlossen, zu beschützen. Wem es aber an Offenheit des Geistes mangelt und wer den altruistischen Erleuchtungsgeist nicht in sich wecken kann, dem wird sie einige Schwierigkeiten bereiten. Darum spricht Shāntideva vom großen Geheimnis und veranschaulicht die Extreme, zu denen der Egoismus führen kann:

121

Aus übergroßer Liebe zum Körper
schrickst du vor der kleinsten Gefahr zurück.
Bedrohlich wie ein Feind ist dieser Körper,
man muß ihn und dieses «Ich» doch hassen!

122

Um sich vor Krankheit, Hunger und Durst zu bewahren
metzelt es Vögel, Fische und Wild in Mengen nieder
und steht allem Leben feindselig gegenüber.

123

Aus Habsucht und Ehrgeiz
mordet es sogar Vater und Mutter,
raubt die Schätze der Drei Kostbarkeiten
und wird so schließlich Nahrung fürs höllische Feuer.

Unser Körper ist der Mittelpunkt all unseren Tuns. Um ihn zu nähren, töten wir andere Lebewesen, die wie wir im Besitz eines Bewußtseins sind. Für seinen Komfort nehmen wir uns das, was uns nicht gegeben wird; ohne Rücksicht auf andere stürzen wir uns, um einer flüchtigen Befriedigung willen, rücksichtslos in sexuelle Vergnügen. Weil wir dem Körper zuviel Bedeutung beimessen, begehen wir eine Vielzahl schädigender Handlungen und rennen so in unser Verderben. Unser persönliches Interesse auf Kosten anderer durchsetzend, werden wir von unserem Karma in die elenden Daseinsbereiche fortgerissen.

124

Welcher vernünftige Mensch
kann diesen Körper hätscheln, schützen und pflegen
und statt einem Feind
einen Gegenstand der Verehrung in ihm sehen?

125

«Wenn ich etwas abgebe, was werde ich dann essen?»
Solche Selbstsucht macht dich zum kannibalischen Dämon.
«Wenn ich selber esse, was kann ich dann noch geben?»
Diese Großzügigkeit macht dich zum König der Götter.

Dadurch, daß wir unser Wohl zum Nutzen anderer opfern und nicht zögern, alles aufzugeben, um sie glücklich zu machen, werden wir Vollkommenheit und Glückseligkeit erlangen. Wer in jeder Situation Bescheidenheit beweist, wird in den höheren Bereichen wiedergeboren und dort einflußreich, wortgewandt und geachtet sein. Wer die Bürde auf sich nimmt, für andere zu arbeiten, wird zu einem respektierten Führer werden. Wer hingegen aus persönlichem Ehrgeiz nach Ruhm und Ehre strebt, wird in zukünftigen Leben weder über Intelligenz noch Schönheit verfügen. Wer andere zwingt, für sich zu arbeiten, und sie mißbraucht und ausnutzt, wird eines Tages ihr Knecht sein, ja sogar der Knecht ihres Knechtes. In den folgenden Versen beschreibt Shāntideva die Vorzüge des Altruismus:

129

Alle, die unglücklich sind, sind es,
weil sie nur ihr eigenes Lebensglück suchten.
Alle, die glücklich sind, sind es,
weil sie das Glück der anderen wollten.

130

Wozu viele Worte? Es genügt,
den Narren, der den eigenen Nutzen verfolgt,
mit dem Weisen zu vergleichen,
der stets nach dem Wohl der anderen strebt.

131

Eines ist gewiß: Wenn ich mein Glück
nicht gegen das Leid der anderen eintausche,
werde ich nie die Würde eines Buddha erlangen.

Auch im Kreislauf der Wiedergeburten
wird mir dann keine Freude zuteil werden.

Der größte Dämon des Menschen ist die Liebe, die man gedankenlos für sich selbst empfindet. Diese Eigenliebe ist sein furchtbarster Feind, sie führt ihn ins Verderben. Jedes Unglück, alle Gefahren und Schmerzen sind auf das Haften am Ich zurückzuführen.

135

Wenn man seinem Ich nicht entsagt,
kann man dem Leid nicht entgehen.
Wirft man die Glut nicht fort,
kann man sich nur verbrennen.

136

Also werde ich mich den anderen widmen
und sie an meine Stelle setzen,
um ihre und meine Leiden zu mildern.

137

Nun gehöre ich den anderen!
Davon muß mein Herz überzeugt sein.
Von nun an will ich nur
an das Wohl der anderen denken.

138

Es wäre nicht recht, wenn meine Augen,
meine Hände, die den anderen gehören,
sich zu meinem Nutzen bewegten.
Es wäre nicht recht, wenn sie
sich gegen die Interessen der anderen bewegten.

Unser Körper gehört uns nicht länger, wir haben das Gelübde abgelegt, uns um das Wohlergehen anderer zu kümmern, es ist unpassend, ihn weiter für unsere persönlichen Zwecke zu nutzen. Alles, was brauchbar ist an uns, sollten wir in den Dienst an den anderen stellen.

Nun kommen wir zu einer besonders bemerkenswerten Übung des *Eintritt in den Weg zum Erwachen*.

140

Wenn du dir einen dir unterlegenen Menschen
an deiner Stelle vorstellst und dich an die seine setzt,
kannst du ohne Hemmungen
Hochmut und Neid in dir aufkommen lassen.

Wir beginnen damit, unsere guten und schlechten Eigenschaften genau einzuschätzen, indem wir sie mit denen anderer Menschen vergleichen. Dann teilen wir sie in drei Kategorien ein: In der ersten Kategorie fassen wir Eigenschaften zusammen, die uns anderen überlegen machen; in der zweiten alle, durch die wir mit anderen gleichgestellt sind; und in der dritten Eigenschaften, aufgrund derer andere uns überlegen sind. Die Eigenschaften anderer teilen wir ebenfalls in diese drei Kategorien ein. Daraufhin versetzen wir uns an ihre Stelle, identifizieren uns mit ihnen: Unser altes, egoistisches Ich ist jetzt ein fremdes Ich. Nun lassen wir unserer Eifersucht auf die guten Eigenschaften unseres «alten Ich», die wir, das «neue Ich», nicht besitzen, freien Lauf. Ebenso hemmungslos rivalisieren und konkurrieren wir mit allen Eigenschaften, in denen uns das «alte Ich» gleichkommt. Schließlich erlauben wir auch unserem Stolz, sich mit allem, was uns dem «alten Ich» überlegen macht, zu brüsten.

Zunächst geben wir unserer Eifersucht und Feindseligkeit gegenüber dem «alten Ich» Ausdruck. Da wir uns durch diesen Trick selbst zur Zielscheibe gemacht haben, können wir uns benehmen, wie wir wollen, und ohne Hemmungen einfach denken: «Es ist unglaublich, daß dieser Angeber, der vor Egoismus platzt, alle Vorzüge genießt, die mir bescheidenem Menschen fehlen.» Auf diese Weise hat unsere Feindseligkeit ein ideales Opfer gefunden: die Ichsucht.

141

«Was? Dieser da wird derartig gut behandelt
und ich nicht! Ich bekomme weniger Lohn als er!
Er wird gelobt, ich getadelt!
Ich bin unglücklich, er ist glücklich!»

142

«Er ruht sich aus – ich mache die ganze Arbeit.
Man sagt, er sei großartig wegen all seiner Vorzüge,
und ich bin ein Nichts,
denn solche Vorzüge gehen mir ab.»

Jetzt werden wir unserem «neuen Ich» gut zureden, damit es nicht den Mut verliert, wenn seine Eigenschaften nur mittelmäßig sind. Das macht nämlich gar nichts. Die Möglichkeit, sich weiterzuentwickeln und die Allwissenheit der Buddhaschaft zu erlangen, besteht für alle Wesen. Außerdem sind Begriffe wie Minderwertigkeit und Überlegenheit relativ.

143

«Ein Mensch ohne Vorzüge ist doch nicht vorstellbar!
Jeder hat seine guten Seiten.
Manche Menschen sind mir unterlegen,
anderen bin ich überlegen.»

Durch unsere Leidenschaften, und nicht aus freien Stükken, sind wir in diesen mißlichen Zustand geraten. Sie sind es, die unsere Selbstdisziplin und unser ethisches Verhalten beeinträchtigen und verhindern, daß wir die Unterweisungen richtig verstehen. Wir haben jetzt nur ein Bestreben: uns von ihnen zu befreien. Und um das zu erreichen, werden wir vor keiner Schwierigkeit zurückschrecken. Da unser «altes Ich» uns überlegen ist, sollte es uns dabei unterstützen und uns helfen, uns zu ändern, es sollte mit Geduld hinnehmen, wenn wir ihm vielleicht Unrecht tun. Was liegt uns an den Eigenschaften des «alten Ich», wenn sie nur ihm selbst nützen? Auf diese Weise sollten wir – für den Fall, daß wir anderen überlegen sind – die Rollen tauschen, um so Überlegenheitsgefühle abzubauen.

Nun stellen wir uns vor, daß unsere Eigenschaften und die der anderen gleichwertig sind. Wir versetzen uns an ihre Stelle und sehen in unserem «alten Ich» einen Konkurrenten, den wir unbedingt übertreffen müssen. Durch diese Haltung des Wetteiferns angefeuert, legen wir es darauf an, mit dem «alten Ich» Streit zu suchen.

148

«Ach, würden doch meine Eigenschaften
weltweit gerühmt!
Ach, wäre doch von seinen
nirgends die Rede!»

Wenn unser Wunsch erhört worden ist, freuen wir uns darüber, unser «altes Ich» geschlagen und gedemütigt zu sehen.

Nun zur dritten Übung: Wir sind anderen unterlegen. Wir identifizieren uns mit denen, die uns überlegen sind, und lassen unserem Hochmut gegenüber unserem «alten Ich» freien Lauf:

151

«Seht diesen jämmerlichen Wicht,
der es wagt, sich mit mir zu messen!
Was hat er mir schon entgegenzusetzen?
Er ist nicht gebildet noch weise,
weder schön noch von Adel –
ihm fehlt einfach alles.»

Obgleich wir dazu gar nicht imstande waren, hat unser «altes Ich» doch vorgegeben, sich mit den Besten messen zu können. Jetzt, in der Rolle des «neuen Ich», berauschen wir uns daran, daß unsere Eigenschaften gepriesen werden, obwohl es genau die Eigenschaften sind, auf die wir als «altes Ich» eifersüchtig waren. Üben wir keine Nachsicht mit unserem alten Ich, nehmen wir ihm alles – materielle Güter, Nahrung und Kleidung – und stellen es in unseren Dienst.

154

Dieses Ich muß
von der Höhe seines Glücks gestürzt werden.
Es soll für unsere Leiden geradestehen.
Hundertmal waren wir seinetwegen
den Qualen im Kreislauf der Wiedergeburten ausgesetzt.

Indem wir uns an die Stelle anderer Menschen versetzen, werden uns die Nachteile des Egoismus bewußt. Wir empfinden tiefen Abscheu vor dem «alten Ich», das uns so viel Leid gebracht hat. Um seine negativen Eigenschaften noch deutlicher zu erkennen, machen wir folgende Übung: Unser altes, arrogantes Ich, das wir uns als schön, stark und reich vorstellen, steht auf der einen Seite. Ihm gegenüber eine Ansammlung von Elendsgestalten, hungrig und zerlumpt. Wir stellen uns als unparteiischer Beobachter in die Mitte.

Zuerst schauen wir uns dieses Ich an, das sich anderen gegenüber seit anfangloser Zeit hart und verschlossen gezeigt hat und nur an seine eigenen Interessen denkt. Um sich Befriedigung zu verschaffen, hat es getötet, gestohlen, gelogen und verleumdet. Es hat andere Lebewesen zu schlechten Handlungen verführt und sie ausgebeutet. Dann denken wir über deren Elend und Erniedrigung nach. Als neutraler Beobachter können wir nur Mitleid und Sympathie für sie empfinden und uns auf ihre Seite stellen, während unser «altes Ich» uns mit Abscheu erfüllt. Ist es möglich, nicht bestürzt zu sein über all die schädigenden und eigennützigen Handlungen, zu denen es uns angestiftet hat? Dieses Ich ist die Wurzel allen Übels, es ist verantwortlich für unsere früheren und jetzigen Leiden und für alles, was wir anderen Lebewesen zugefügt haben. Es muß überwunden werden. Bis zum heutigen Tag haben wir nichts Besseres zu tun gehabt, als uns der Herrschaft der Ichsucht zu unterwerfen. Wenn wir statt dessen den Altruismus zu unserem Meister wählen, wird daraus, wie der Buddha es sagte, unendlicher Nutzen entstehen.

165

Kurz gesagt: Laß allen Schaden,
den du anderen aus Eigennutz zufügtest,
auf das Ich zurückfallen –
um der anderen willen.

Nachdem wir erkannt haben, auf wievielerlei Arten der Egoismus uns ins Unglück treibt, sollten wir uns gegen die Herrschaft unseres Ich auflehnen:

170

Gib die Hoffnung auf, auch heute noch
deine eigenen Ziele verfolgen zu können.
Ich habe dich den anderen vermacht,
nun diene ihnen ohne großes Klagen.

171

Wäre ich dumm genug,
dich nicht den anderen zu geben,
würdest du mich sicherlich
den Wächtern der Hölle ausliefern.

173

Wer Freude sucht,
darf sich nicht selbst verwöhnen.
Wer Schutz sucht,
beschütze stets die anderen.

Shāntideva weist besonders auf die Gefahr hin, die durch das Haften am Körper entsteht:

174

Je mehr ich mich um den Körper kümmere,
um so eher wird er verweichlicht und verfällt.

175

Und selbst im Verfall
würde die ganze Welt nicht genügen,
seine Begierden zu stillen.
Wer könnte ihn je befriedigen?

Wenn wir an unserem Körper hängen, weil er uns nützlich ist, müßten wir die Körper aller anderen Wesen ebenso hoch schätzen, weil auch ihnen ihr Körper nützlich ist.

184

Zum Wohl der Wesen werde ich
die Sorge um meinen Körper rückhaltlos aufgeben.
Wenn ich ihn mir trotz all seiner Nachteile erhalte,
dann nur als Werkzeug für mein Tun.

Was wir aus den Unterweisungen Shāntidevas gelernt haben, sollte uns dazu führen, unserem infantilen, von Ichsucht diktierten Verhalten ein Ende zu setzen. Erinnern Sie sich an das Kapitel über die Umsetzung des Erleuchtungsgeistes, bekämpfen Sie Ihre Gleichgültigkeit und Trägheit! Folgen Sie dem Vorbild der Weisen früherer Zeiten und dem der Bodhisattvas. Seien Sie Tag und Nacht darum bemüht, die Hemmnisse zu überwinden. Es ist ganz sicher, daß auf diese Weise Ihre Schwierigkeiten und Leiden eines Tages ein Ende finden werden.

187

Möge ich, um der Dunkelheit zu entrinnen,
meinen verwirrten Geist fortlenken vom falschen Weg
und ihn in seiner wahren Mitte,
im meditativen Gleichgewicht, ruhen lassen.

9. *Höchste Weisheit*

I

Der Buddha lehrte,
daß alle anderen Vollkommenheiten dazu bestimmt sind,
der höchsten Weisheit zu dienen.
Wer das Leiden beseitigen will,
muß diese Weisheit hervorbringen.

Im tibetischen Buddhismus unterscheidet man mehrere Arten von Weisheit: die Weisheit der fünf traditionellen Wissenschaften (Sprachen, Logik, Kunst, Medizin, Metaphysik); die Weisheit von der Seinsweise der Phänomene und die Weisheit, durch die das Wohlergehen der Lebewesen bewirkt wird. Wenn es hier heißt, der Buddha habe die ersten fünf Vollkommenheiten als Grundlage für die Verwirklichung der Höchsten Weisheit gelehrt, so ist damit die Weisheit gemeint, die die wahre Natur aller Phänomene, die Leere, erkennt.

Solange wir allein nach Erkenntnis der Leere streben, sind bestimmte vorbereitende Übungen wie die der ersten fünf Vollkommenheiten unnötig. Selbst die Durchdringende Einsicht (*vipashyanā*) in die wahre Natur der

Dinge kann man ohne sie erlangen. Wir werden jedoch noch sehen, daß jede einzelne der fünf Vollkommenheiten ausgeübt werden muß, um das Wohl anderer bewirken zu können.

In Nāgārjunas *Siebzig Verse über die inhärente Leere** heißt es in Vers 64:

> Ursachen und Bedingungen lassen alle Phänomene entstehen.
> An ihre reale Existenz zu glauben, ist Unwissenheit.
> Dies sind die Worte des Buddha.
> Mit Unwissenheit beginnt die zwölfgliedrige Kette des Entstehens in Abhängigkeit.

Unwissenheit läßt uns glauben, daß Phänomene über eine reale, ihnen innewohnende Existenz verfügen. Aus der Unwissenheit entsteht über die zwölfgliedrigen Kette des Entstehens in gegenseitiger Abhängigkeit das Leiden. Unwissenheit ist die Quelle des Samsāra, des Kreislaufs der Wiedergeburten, und nur durch die Weisheit, die erkennt, daß weder im Individuum noch in den Phänomenen eine inhärente Existenz zu finden ist, kann diesem ein Ende gesetzt werden. So heißt es in den *Vierhundert Versen*:

> Das unwissende Bewußtsein ist der Keim der bedingten Existenz,
> die Erscheinungswelt ist der Wahrnehmungsbereich dieses Bewußtseins.
> Wenn man die Unwirklichkeit der Dinge erkennt,
> erstickt man den Keim des Kreislaufs der Wiedergeburten.

* *Shūnyatāsaptati-Kārikā*, Tohoku-Katalog 3827

Die Schriften Nāgārjunas und seiner unmittelbaren Schüler gelten als Fundament des Mittleren Weges oder Mādhyamika. Verschiedene Schwerpunkte in dessen Auslegung haben im Laufe der Zeit zum Entstehen einer Reihe von Lehrtraditionen geführt, wie zum Beispiel der des berühmten Chandrakīrti, zu der sich auch Shāntideva zählt.

Die Verbindung von Körper und Geist zusammen mit dem Begriff des Ich machen in den Augen gewöhnlicher Wesen das Individuum aus. Die meisten Schulen buddhistischer Philosophie weisen diese Vorstellung zurück und darüber hinaus die eines von diesem Komplex unabhängig existierenden «Selbst» oder «Ātman». Lediglich zwei Schulen, die dem Hīnayāna angehören, vertreten die These des Ātman[53].

Das Erkennen der Nichtexistenz des Ich im Individuum genügt jedoch nicht, da es sich hierbei um nur einen Aspekt der Erscheinungswelt handelt. Man muß darüber hinaus zu der Erkenntnis gelangen, daß die Gesamtheit aller Phänomene ohne eine ihnen innewohnende Existenz ist. Diese Erkenntnis ist die der Leere. Wie dieser Begriff zu verstehen ist, wurde von den philosophischen Schulen des Mittleren Weges dargelegt. Das oben erwähnte Zitat aus den *Vierhundert Versen* zeugt von dieser Erkenntnis, die das direkte Gegenmittel zur Unwissenheit ist.

Anzunehmen, der Weg des Kleinen Fahrzeugs führe nicht zur völligen Befreiung vom Kreislauf der Wiedergeburten, ist ein bedauerlicher Irrtum. Es besteht kein Zweifel, daß die Hörer, Alleinverwirklicher und Arhats den Schleier der Geistesgifte beseitigt und den subtilen Aspekt der Leere[54] erkannt haben. Steht nicht in den Schriften: «Verneigt euch vor denen, die den Fahrzeugen der Geistesschulung angehören.» Und auch im *Sūtra der Vollkommenheit der Höchsten Weisheit* heißt es: «Das Ziel der Hörer ist das Nirvāna.» Die Weisheit von der Leere ist also beiden, dem Großen wie dem Kleinen Fahrzeug, gemein. Der Unterschied besteht darin, daß die Übenden im Hînayāna die ihnen jeweils entsprechende Ebene der Erleuchtung mit Hilfe der Durchdringenden Einsicht erlangen, die mit einem begrenzten Verständnis der Leere einhergeht. Obwohl sie sich auf diese Weise von den Geistesgiften befreien können, erreichen sie damit nicht die Ebene der Erleuchtung der Bodhisattvas, die mit Hilfe der vollkommenen Meditation der Leere auch den letzten Schleier beseitigen – den, der die Allwissenheit verhüllt. Auf sie bezieht sich Shāntideva, wenn er sagt: «All die anderen Vollkommenheiten sind dazu bestimmt, der Höchsten Weisheit zu dienen.» Um den sie verhüllenden Schleier zu beseitigen, muß der Bodhisattva zuerst den, der aus den Geistesgiften gebildet ist, zerstören.

Unter gewissen, außergewöhnlichen Umständen können Geistesgifte zum Wohl der anderen genutzt werden[55] – wie es in einem Sprichwort heißt: «Zuckerrohr wächst mit Hilfe von Dung.» Der Schleier jedoch, der die Allwissenheit verhüllt, ist in all seinen Aspekten ein Feind des Bodhisattva, weil er ihn in seinem Wirken zum Wohl der anderen behindert. Da er sich aus den subtilen karmischen Spuren zusammensetzt, die die Geistesgifte hinterlassen, kann er sich nicht auflösen, solange letztere weiter bestehen.

Die Meditation über die Leere hat zum Ziel, diesen Schleier aufzulösen, indem man die Höchste Weisheit erschließt, die die eigentliche Seinsweise der Phänomene erkennt. Dazu bedarf es der Hilfe der Geschickten Methoden, das heißt hier der fünf anderen Vollkommenheiten. Sie wurden vom Buddha gelehrt, um die Bodhisattvas zu der Durchdringenden Einsicht zu befähigen, die das vollkommene Verständnis der Leere erreicht. Auf diese Weise können sie, befreit vom Schleier, der die Allwissenheit verhüllt, zum Wohlergehen der Lebewesen wirken.

Wenn es im Text heißt, daß derjenige, der das Leiden beseitigen wolle, diese Weisheit hervorbringen müsse, geht es um das Leiden aller Lebewesen, nicht nur um unser eigenes. Der *Eintritt in den Weg zum Erwachen* ist im Grund ein Handbuch für Bodhisattvas; es zeigt die Vorzüge des Altruismus auf sowie die nachteilige Wirkung der Ichsucht.

Wenn die Vollkommenheiten mit dem Verständnis der Leere praktiziert werden, so zum Beispiel Freigebigkeit mit der Erkenntnis, daß der Gebende (das Subjekt), derjenige, dem gegeben wird (das Objekt), und das Geben selbst (die Tat) leer in bezug auf inhärente Existenz sind, sind sie weit mehr als gewöhnliche Tugenden und werden Transzendente Vollkommenheiten genannt.

Im *Eintritt in den Weg zum Erwachen* und im *Kompendium der Lehrreden* beginnt Shāntideva mit der Erläuterung der ersten fünf Vollkommenheiten, um danach die Unterweisungen über die Vollkommenheit der Höchsten Weisheit zu geben. Zu Anfang beschreibt er die Einzelheiten der Welt der Erscheinungsformen vom Standpunkt der relativen Wahrheit aus, etwa die Vergänglichkeit und die abstoßenden Aspekte des menschlichen Körpers. Man könnte auf den Gedanken kommen, daß Shāntideva sich in seiner Abhandlung hauptsächlich mit der Beschreibung der Vielfältigkeit und der Interaktionen der Phänomene beschäftigt. Zum Schluß bekräftigt er jedoch, daß alle Erscheinungsformen leer sind, und zitiert dazu zahlreiche Auszüge aus den Sūtras, in denen der Buddha über die Leere spricht.

Es ist sehr sinnvoll, in dieser Reihenfolge vorzugehen: Indem wir zuerst die positiven beziehungsweise negativen Aspekte der Phänomene analysieren, wird uns klar, daß sie auf der relativen Ebene dem Gesetz von Ursache und Wirkung unterliegen, und von daher räumen wir ihnen eine gewisse Realität ein. Wenn dann später von

Leere die Rede ist, wird deutlich, daß sich diese auf etwas mit einer relativen Existenz bezieht und nicht auf ein Nichts.

«Form ist Leere, Leere ist Form.» Ohne das Vorhandensein von Form kann man nicht von der Leerheit der Form sprechen. Leere wird dadurch, daß es etwas gibt, was als leer betrachtet werden kann – wie zum Beispiel die belebten und unbelebten Erscheinungsformen –, erst vorstellbar.

Man übt die ersten fünf Vollkommenheiten, so zum Beispiel Freigebigkeit, um Armut zu lindern, in voller Kenntnis der Mechanismen, die auf der Ebene der relativen Wahrheit gelten. Heißt es dann, alles ist leer – vom Standpunkt der absoluten Wahrheit aus –, haben wir bereits eine klare Vorstellung davon, worauf sich die Leere bezieht, und sind so vor der Gefahr bewahrt, in die Extreme des Nihilismus oder des Eternalismus zu fallen.

2

Es gibt zwei Wahrheiten,
die relative und die absolute.
Absolute Wahrheit ist vom Intellekt nicht zu erfassen.
Der Intellekt wird als getrübt bezeichnet.

Alles Wahrnehmbare kann unter zwei Aspekten betrachtet werden: unter dem der relativen Wahrheit und dem der absoluten Wahrheit. Die beiden Wahrheiten sind das Fundament des Weges und der Frucht[56].

Der Satz «Absolute Wahrheit ist vom Intellekt nicht zu erfassen» ist auf vielerlei Weise interpretiert worden. Eine der Auslegungen bezieht sich auf folgenden Vers aus dem *Sūtra der Vollkommenheit der Höchsten Weisheit*:

Die unfaßbare, unbeschreibliche, unerklärliche Vollkommenheit der Weisheit
entsteht nicht, vergeht nicht, gleicht dem Himmelsraum –
nur die selbsterhellende Weisheit kann sie erkennen.
Vor ihr, der Mutter aller Buddhas, verneige ich mich.

Auch im *Diamant-Sūtra** heißt es:

Die absolute Natur der Buddhas,
der Wahrheits-Körper der spirituellen Führer,
kann vom Intellekt nicht erfaßt werden.

Die absolute Wahrheit entzieht sich dem Intellekt, weil dieser auf die Ebene der relativen Wahrheit beschränkt ist. Wir werden im folgenden sehen, daß die Interpretation dieses Punktes etwas heikel ist. Shāntideva fährt dann fort:

3–5

Dementsprechend gibt es zwei Arten von Menschen:
Gewöhnliche Menschen und jene,
die Meditation üben;
die Sicht der Meditierenden
ist der des gewöhnlichen Menschen überlegen.
Entsprechend dem Entwicklungsgrad ihrer Intelligenz
besteht wiederum eine Rangordnung unter allen,
die Meditation üben.

Intelligenz meint hier das Erkennen der wirklichen Seinsweise der Dinge, die Abwesenheit einer inhärenten Exi-

* *Vajrachchedikā-Prajñāpāramitā-Sūtra*, wörtl.: «*Sūtra vom Diamantschneider der Höchsten Weisheit*», Tohoku-Katalog 16

stenz im Individuum und in den Phänomenen, wie es vom tiefgründigen Weg[57] der absoluten Wahrheit gelehrt wird. Wenn Erscheinungen mit Hilfe der unterscheidenden Weisheit analysiert werden, gelangt man zu immer subtileren philosophischen Sichtweisen, die die Widersprüche in den Lehrmeinungen der weniger entwickelten Schulen aufdecken. Entsprechend bildet sich die Rangordnung der Intelligenz unter denen, die Meditation üben: Einige verwirklichen die Ebene der relativen Wahrheit, auf der die Vielfältigkeit und die Interaktionen der Phänomene erkannt werden; andere, die einen höheren Rang einnehmen, realisieren die Ebene der absoluten Wahrheit, auf der die absolute Natur aller Phänomene erkannt wird.

Im *Sūtra der zehnten Stufe** wird bekräftigt, daß auch die Anhänger des Hīnayāna die Leere verwirklichen können. Die Bodhisattvas der ersten Stufe zeichnen sich zwar dadurch aus, daß sie den altruistischen Erleuchtungsgeist entwickelt haben und somit dem Mahāyāna angehören, sie sind den Übenden des Hīnayāna aber – was die Intelligenz angeht – durchaus nicht überlegen. Erst die Bodhisattvas auf der siebten Stufe überstrahlen die Übenden des Hīnayāna auch hinsichtlich ihrer Intelligenz. Mit den Hörern verglichen, haben Bodhisattvas der siebten Stufe größere geistige Fähigkeiten; sie können innerhalb eines Augenblicks unzählige Arten meditativer Sammlung erreichen.

Wenn von Intelligenz die Rede ist, muß unterschieden werden zwischen dem gewöhnlichen, also begrifflich denkenden dualitätsgebundenen Intellekt und jener Form von Geist oder Intelligenz, die der Einsicht in die absolute Wahrheit fähig ist. Erst wenn das dualistische Subjekt-Objekt-Denken sich aufgelöst hat, wird die absolute

* *Dashabhūmika-Sūtra*

Wahrheit unmittelbar erkannt. Folglich kann diese niemals vom begrifflichen Denken erfaßt werden – sie liegt außerhalb der Reichweite des Intellekts. Aus diesem Grund wird der Intellekt als getrübt oder sogar als trügerisch bezeichnet, und alles, was er wahrnehmen kann, gehört zum Bereich der relativen Wahrheit. Dies ist eine Möglichkeit, die zwei Wahrheitsebenen zu definieren.

Auch in nichtbuddhistischen Philosophiesystemen wird von zwei Wahrheiten gesprochen. Nach der Sānkhya-Philosophie zum Beispiel gehört der Urstoff (*prakriti*) zur Ebene der absoluten Wahrheit und seine Manifestationen, zusammen mit dem reinen Bewußtseinsprinzip (*purusha*), zum Bereich der relativen Wahrheit. Innerhalb des Buddhismus vertreten die Vaibhāshika-, Sautrāntika-, Chittamātra- und Mādhyamika-Schulen gewisse unterschiedliche Standpunkte hinsichtlich der Definition der zwei Wahrheitsebenen.

So wie das Wort «relativ» je nach Kontext eine etwas andere Bedeutung haben kann, deckt auch der Begriff «absolute Wahrheit» einen weiten Bereich verschiedener Bedeutungsmöglichkeiten ab. In der *Unterscheidung der Mitte und der Extreme** von Maitreyanātha wird zum Beispiel von der höchsten absoluten Wahrheit, der praktizierten absoluten Wahrheit und der verwirklichten absoluten Wahrheit gesprochen.

Im Vajrayāna gibt es eine ganz besondere Sicht der zwei Wahrheitsebenen[58]. Hier wird vor allem vom absoluten Klaren Licht gesprochen. Der illusorische, flüchtige Aspekt der Erscheinungen steht in Beziehung zur relativen Wahrheit, während der Aspekt der ursprünglichen Kontinuität mit der Ebene der absoluten Wahrheit verbunden ist.

Innerhalb des Sūtra-Systems und der verschiedenen

* *Madhyānta-Vibhāga*, Tohoku-Katalog 4021

Tantra-Klassen gibt es also unterschiedliche Interpretationen des Begriffs der absoluten Wahrheit. Es ist wichtig, diese immer aus ihrem Kontext heraus zu verstehen und das Verständnis, das man durch das Studium eines bestimmten Textes erreicht hat, nicht zu verallgemeinern, sonst entsteht ein großes Durcheinander.
In den *Grundversen zum Mittleren Weg** von Nāgārjuna steht:

> Die Lehren aller Buddhas
> beruhen auf den zwei Ebenen der Wahrheit:
> der relativen Wahrheit der gewöhnlichen Menschen
> und der absoluten Wahrheit der Erhabenen.

Von der Basis der beiden Wahrheiten, absoluter und relativer, ausgehend, wird das Wesen der Leere und der Phänomene erklärt. Der *Eintritt in den Mittleren Weg* gibt ausführliche Erläuterungen zu Bedeutung, Sinn und den verschiedenen Kategorien der zwei Ebenen der Wahrheit; die absolute Wahrheit wird hier als jenseits des begrifflichen Denkens bezeichnet:

> Da es eine rechte und eine verfälschte Wahrnehmung
> der Welt der Phänomene gibt,
> gibt es zweierlei Wege, ihr Wesen zu verstehen.
> Mit der rechten Sicht wird ihre absolute Natur erkannt,
> mit der irrigen Sicht die relative Wahrheit gesehen.

Warum ist die Erkenntnis der Leere eigentlich so wichtig? Die Anwort ist ganz einfach: Weil wir nicht leiden wollen. Leiden entsteht dadurch, daß wir den negativen Emotionen freien Lauf lassen, anstatt unseren Geist zu meistern. Die Unfähigkeit wiederum, den Geist zu mei-

* *Prajñā-Mūlamadhya-Kārikā*, Tohoku-Katalog 3824

stern, ergibt sich aus der verfälschten Wahrnehmung, mit der wir zwar die konventionelle Erscheinungsweise der Phänomene, nicht aber ihre absolute Natur erfassen, also ihre Leerheit in bezug auf inhärente Existenz. Der sich in der falschen Sichtweise verfangende Geist produziert sein eigenes Leiden, von dem er sich erst dann befreien kann, wenn er seinen Irrtum erkennt.

Wir nehmen ständig eine Fülle von Phänomenen wahr, die Mehrzahl dieser Wahrnehmungen hat jedoch nicht viel mit der tatsächlich vorhandenen Wirklichkeit zu tun. Wir lassen uns täuschen und fallen in Verwirrung. Aus diesem Grund sollten wir unseren Wahrnehmungen nicht trauen, sondern über die bloße Erscheinungsform hinaus nach dem wirklichen Wesen der Dinge suchen. Das ist der entscheidende Punkt, der den Unterschied zwischen relativer und absoluter Wahrheit ausmacht.

Jeder hat seine eigene Sicht der Welt, die ihn umgibt. Um die Phänomene in ihrer Mannigfaltigkeit zu erkennen und all ihre Funktionen und Interaktionen zu verstehen, muß man die Erscheinungswelt vom Standpunkt der relativen Wahrheit her analysieren. Diese Wahrheit ist jedoch relativ oder getrübt, denn von der absoluten Wahrheit her gesehen haben die Phänomene keinerlei reale Existenz.

Wieso wird sie dann Wahrheit genannt? Aus dem einfachen Grund, weil sie für den von Unwissenheit getrübten Intellekt wahr ist. Und warum wird sie relativ genannt? Weil sie trügerisch ist. Im *Eintritt in den Mittleren Weg* heißt es: «Der Buddha hat die verfälschten Wahrnehmungen als die relative Wahrheit bezeichnet.» Sie wird auch getrübte Wahrheit genannt, weil sie die Soheit, das wirkliche Wesen der Dinge, verschleiert. Es ist äußerst wichtig, klar zu unterscheiden zwischen der wirklichen Seinsweise der Phänomene (so, wie sie sind) und ihrem Erscheinungsbild (so, wie sie erscheinen).

Es gibt zweierlei Wege, sich der absoluten Wahrheit zu nähern: durch Erfahrung und durch Analyse vom absoluten Standpunkt aus. Auf dem Weg der Erfahrung untersucht man mittels Studium, Reflexion und Meditation das, was man mit den Begriffen Individuum und Phänomene verbindet, und kommt zu der Schlußfolgerung, daß sie ihrem Wesen nach leer – ohne inhärente Existenz – sind. Die Erkenntnis, daß weder im Individuum noch in allen anderen Phänomenen eine inhärente Existenz auffindbar ist, führt zur Erfahrung ihrer absoluten Natur und zu einer direkten Verwirklichung, die – aus sich selbst – die absolute Wahrheit beweist, und aus der heraus die Existenz der absoluten Natur aller Phänomene bejaht werden kann.

An diesem Punkt trifft sich der Weg der Erfahrung mit dem Standpunkt des Absoluten. Von diesem her wird jedoch die Existenz einer absoluten Natur aller Phänomene verneint: Es gibt nichts zu erkennen, und auch die Erkenntnis existiert nicht in sich selbst. So kann beispielsweise die absolute Natur einer Vase – ihre Leerheit – nicht vom Objekt Vase getrennt werden. Wenn man aber diese Leere analysiert, wird man nur auf die Leere der Leere stoßen. Die Leere selbst, wenn sie eine Realität für denjenigen ist, der sie erfährt, hat vom absoluten Standpunkt her keine Existenz.

10. *Schlußwort*

Der *Eintritt in den Weg zum Erwachen* von Shāntideva endet mit der Widmung des Verdienstes für das Wohlergehen aller Lebewesen.

1

Durch das Verdienst, das ich erworben habe,
indem ich den *Eintritt in den Weg zum Erwachen* verfaßte,
mögen sich alle Wesen
den Übungen der Bodhisattvas widmen!

2

Wo immer in dieser Welt die Lebewesen
an Körper und Geist von Leiden gequält werden,
mögen sie durch mein Verdienst
ein Meer von Glück und Freude erlangen.

3

Solange der Daseinskreislauf für sie andauert,
möge nichts ihr Glück verfinstern!
Die Seligkeit der Bodhisattvas
werde immerfort allen Lebewesen zuteil!

Heute, am letzten Tag unseres Zusammentreffens, möchte ich Ihnen allen danken, besonders denjenigen, die von weither angereist sind, um an diesen Unterweisungen teilzunehmen und so ihr Interesse am Buddhismus bekundet haben. Ich hätte mir gewünscht, einen ausführlicheren Kommentar zum Kapitel über die Höchste Weisheit geben zu können, aber dazu hätte ich noch eine weitere Woche gebraucht. So haben wir einen guten Vorwand, uns wiederzusehen. Ich bin entschlossen, nach Frankreich zurückzukehren, sei es in die Dordogne oder anderswohin, um diesem komplexen Thema die nötige Zeit zu widmen.

Bis dahin möchte ich Sie als spirituelle Freunde, die alle ein aufrichtiges Interesse an der buddhistischen Lehre haben, bitten, so viel zu studieren und zu praktizieren, wie es Ihnen möglich ist. Das Wissen, das Sie bis zu unserem nächsten Treffen erworben haben werden, wird Ihnen helfen, die Darlegungen zur Leere, Shūnyatā, besser zu verstehen, die Ihnen ohne diese Grundlage vielleicht schwer verständlich erscheinen mögen. Bereiten Sie sich darauf vor, indem sie die altruistische Einstellung entwickeln – sie ist die Basis, auf der die Weisheit, die die Leere erkennt, sich entfalten kann.

Shāntideva hat diesen Text hauptsächlich für Praktizierende geschrieben und erst in zweiter Linie für Theoretiker. Welcher Richtung, welchem Glauben wir uns auch verbunden fühlen, die altruistische Einstellung ist immer das, was am meisten zählt.

Wir können nicht für immer auf diesem Planeten bleiben, ich genausowenig wie Sie. Wir sind hier wie Touristen, bestenfalls dauert unser Aufenthalt hundert Jahre. Darum sollten wir mit diesem Leben etwas Nützliches und Positives anfangen und ein gutes und liebevolles Herz haben. Ob wir nun einige Jahre oder ein Jahrhundert leben, es wäre wirklich traurig und bedauerlich, würden wir während dieser Zeitspanne die Probleme, die Menschen, Tiere und Umwelt bedrohen, noch vergrößern. Ein mitfühlender Mensch zu werden, ist das Allerwichtigste.

Ich habe hier einige alte westliche Freunde wiedergesehen, buddhistische Mönche und Nonnen, die seit zehn oder sogar zwanzig Jahren praktizieren und ihre Gelübde gehalten haben. Ihre Haltung und ihr Blick haben gezeigt, wie konzentriert sie den Unterweisungen gefolgt sind. Ich bin darüber sehr glücklich und hoffe, daß sie diesen Weg weitergehen werden. Die Verwirklichung des Erleuchtungsgeistes und des Verständnisses der Leere ist möglich durch eine innere Wandlung, die sich jedoch sehr langsam vollzieht.

Eines Tages werden wir Bodhisattvas sein. Das steht fest. Was immer für Hindernisse auftauchen und wie lange es auch dauern mag, lassen wir uns niemals entmutigen!

Hier in der Dordogne wurden Nyingma- und Kagyu-Zentren, in anderen Teilen Frankreichs Sakya- und Gelug-Zentren gegründet[59]. Ich schätze sehr den Willen zur Harmonie und die Toleranz, die sie einander entgegenbringen. Bitte entwickeln Sie diese Einstellung weiterhin.

Ich möchte noch einige Worte über das Ringen des tibetischen Volkes um seine Freiheit sagen. Ich habe in meiner Eigenschaft als buddhistischer Mönch keinerlei Bedenken, daran teilzunehmen, denn es handelt sich dabei nicht nur um eine politische Frage; ohne Freiheit ist die Ausübung und der Weiterbestand der Lehren des Buddha sehr erschwert; die letzten dreißig Jahre in Tibet haben das gezeigt. In Tibet wird eine Form des Buddhismus praktiziert, die das ganze Spektrum der Lehre umfaßt. Daher ist es äußerst wichtig, daß dieses Land frei ist. Der tibetischen Sache zu helfen bedeutet, indirekt auch dem Dharma zu dienen. Unter Ihnen sind Menschen, die sich aktiv für die Rechte meines Volkes einsetzen. Ich weiß Ihre Unterstützung zu schätzen und ermutige Sie, Ihre Anstrengungen fortzusetzen. Ich möchte Ihnen stellvertretend für alle Tibeter danken, die in Angst und Unterdrückung leben, und für die über eine Million Tibeter, die durch diese Tragödie ihr Leben verloren haben. Ich danke Ihnen in ihrem Namen.

55

Solange der unendliche Raum
und die Welt bestehen,
will ich danach streben,
das Elend der Welt zu verringern.

56

Möge alles Leid der Welt
in mir zur Reifung kommen.
Möge aus den guten Werken der Bodhisattvas
alles Glück der Welt entspringen.

57

Heilmittel für die Leiden der Welt,
Quelle des Wohlergehens und aller Glückseligkeiten
sind die Lehren des Buddha. Mögen sie
gefördert und verehrt werden und lange bestehen.

Der kostbare Erleuchtungsgeist,
möge er erweckt werden, wo er noch nicht erwacht ist,
möge er nicht schwinden, wo er schon besteht,
sondern mehr und mehr zunehmen.

Danksagung

Wir möchten den folgenden tibetischen Lehrern dafür danken, daß sie Seine Heiligkeit den Dalai Lama im August 1991 in die Dordogne eingeladen haben: Shenpen Dawa Rinpoche, Lama Jigme Rinpoche, Taklung Tsetrul Rinpoche (Tulku Pema Wangyal) und dem verstorbenen Pawo Rinpoche. Dank ihrer gemeinsamen Bemühungen konnten Tausende von Menschen zum ersten Mal in Europa den vollständigen Zyklus dieser Unterweisung empfangen.

Der vorliegende Text wurde von der Übersetzergruppe Padmakara aus dem Tibetischen ins Französische übertragen und anschließend unter der Anleitung von Khyentse Jigme Rinpoche von Corinna Chung und Sabine von Minden ins Deutsche übersetzt.

Die Übersetzung der Verse Shāntidevas erfolgte aus der französischen Ausgabe *La Marche vers L'Eveil*, erschienen bei der Edition Padmakara.

Verband der Buddhistischen Zentren
in der Dordogne (A.B.C.D.)

Anmerkungen

1. Ein Mandala ist eine symbolische Repräsentation des Reinen Landes eines Buddha oder Bodhisattva. Es wird in ausführlichen Zeremonien aus gefärbtem Sand gefertigt und dient als Stütze der Meditation und der Einweihung.

2. Kunu Rinpoche Tenzin Gyaltsen (1885–1977). Ein indischer Meister, der in Tibet studierte und ein Lehrer des Dalai Lama wurde.

3. Khenpo Shenga (1871–1927), ein Schüler von Patrul Rinpoche (1808–1887).

4. Die Drei Kostbarkeiten, auch Drei Juwelen oder Drei Kleinodien genannt, sind: der Buddha, der, der die Erleuchtung erlangt hat; der Dharma, seine Lehren; der Sangha, die Gemeinschaft seiner Schüler. Zu diesen dreien nimmt ein Buddhist Zuflucht.

5. Sūtra, die Reden des Buddha, die von seinen Schülern niedergeschrieben wurden.

6. Das *Herz-Sūtra* ist die kürzeste Fassung des *Prajñāpāramitā-Sūtra* (*Sūtra über die Vollkommenheit der Höchsten Weisheit*). Die «Lobpreisung der vortrefflichen Eigenschaften glorreicher Weisheit» ist ein Gebet an den Buddha der Weisheit, Mañjushrī. Die «Opferung des Mandala» geht der Bitte an den spirituellen Lehrer voraus, das Rad der Lehre zu drehen.

7. Bodhichitta, der altruistische Erleuchtungsgeist: eine Geistes-

haltung, die auf das Erlangen der Erleuchtung ausgerichtet ist mit dem einzigen Ziel, alle Lebewesen von ihrem Leid zu befreien und sie zur Buddhaschaft zu führen.

8. Sowohl Verdienst als auch Weisheit sind unentbehrlich, um Erleuchtung erlangen zu können. Verdienst ist die positive Energie, die durch die Ausübung vieler heilsamer Handlungen entsteht und die notwendig ist, um auf dem spirituellen Weg fortschreiten zu können. Durch die Erkenntnis, daß dieses Verdienst sowie auch alle anderen Phänomene ihrem Wesen nach leer sind, wird Weisheit entwickelt.

9. Entstehen in gegenseitiger Abhängigkeit (*pratītya-samutpāda*), siehe Glossar unter «Kette des Entstehens».

10. Die negativen oder verstörenden Emotionen beziehungsweise Geistesgifte sind hauptsächlich Begierde, Haß, Unwissenheit, Stolz und Eifersucht.

11. Mahāyāna, das Große Fahrzeug, basiert auf Mitgefühl und ist der Weg der Bodhisattvas, die zu dem einzigen Zweck nach Erleuchtung streben, fähig zu werden, die unendliche Zahl der Lebewesen zu befreien.

12. Die Vier Edlen Wahrheiten sind: 1. das Leiden, dessen Allgegenwart im Kreislauf der Wiedergeburten wir erkennen sollten; 2. der Ursprung des Leidens, die Geistesgifte, die zu überwinden sind; 3. der Weg (der Geistesschulung), den man durchlaufen muß, um die Befreiung vom Leiden zu erlangen; 4. die Beendigung des Leidens – das Ziel dieses Weges, die Buddhaschaft.

13. Die Sūtras über *Die Vollkommenheit Höchster Weisheit* oder Prajñāpāramitā, einer der wichtigsten Lehrzyklen des Mahāyāna über die Leere.

14. *Sūtra der Buddha-Natur* (*Tathāgatagharba-Sūtra*, Tohoku-Katalog 258) und *Mahāyāna-Abhandlung über das Höchste Kontinuum* (*Mahāyānottaratantra-Shāstra*, Tohoku-Katalog 4024).

15. Leere oder Leerheit, die Unauffindbarkeit einer inhärenten Existenz im Individuum und in den Phänomenen; Leerheit in bezug auf innewohnende Existenz darf jedoch nicht in einem nihilistischen Sinn als «Nichts» mißverstanden werden.

16. Vajrayāna, das Diamantfahrzeug, die Gesamtheit der Lehren und Übungen, die auf den Tantras gründen. Das Diamantfahrzeug vereinigt die Lehren des Kleinen und Großen Fahrzeugs mit den ihm eigenen Geeigneten Methoden und ermöglicht dadurch schnellen Fortschritt auf dem spirituellen Weg.

17. Hīnayāna, das Kleine Fahrzeug; seine Lehren richten sich an alle, die nach persönlicher Befreiung streben, d. h. ihrem eigenen Leiden ein Ende setzen wollen. Es ist der auf Entsagung beruhende Weg der Hörer, Alleinverwirklicher und Arhats.

18. Shamatha, die Geistige Ruhe, ist der Zustand der meditativen Sammlung, in dem der Geist stetig bei einem Objekt verweilt, ohne von anderen Wahrnehmungen abgelenkt zu werden. Mit der Durchdringenden Einsicht wird die Leerheit des Meditationsobjekts erkannt.

19. Das *Bodhicharyāvatāra* wurde von dem indischen Meister Shāntideva verfaßt, der nach einigen Quellen von 690 bis 760 n. Chr., nach anderen im 9. Jh. lebte. Dieser Text fand in Indien und Tibet sehr früh weite Verbreitung.

20. Minyak Kunsang Sonam wur ein großer Gelehrter der Gelukpa-Schule, der Ende des 19. Jahrhunderts lebte. Er war beinahe zwanzig Jahre lang ein Schüler von Patrul Rinpoche und ist der Autor des ausführlichsten Kommentars zum *Eintritt in den Weg zum Erwachen*.

21. Djamyang Kyentse Wangpo (1820–1892) war einer der Initiatoren der ökumenischen Rime-Bewegung, die eine Renaissance des Buddhismus in ganz Tibet bewirkte.

22. Samsāra: Kreislauf der Wiedergeburten bzw. Daseinskreislauf, beherrscht vom Leiden, das durch Unwissenheit und die anderen Geistesgifte verursacht wird. Er umfaßt die sechs niederen Daseinsbereiche der Höllenwesen, Hungergeister und Tiere und die drei höheren Daseinsbereiche der Menschen, Halbgötter und Götter. Der Daseinsbereich der Menschen ist der einzige, in dem es einerseits genügend Leid gibt, um den Wunsch nach Befreiung zu wecken, ohne daß man andererseits durch die Intensität des Leidens jeglicher Möglichkeit beraubt wird, einem spirituellen Weg zur Befreiung zu folgen.

23. Siegreicher, Synonym für einen «Buddha», für den, der die Unwissenheit besiegt hat.

24. *Abhandlung über die Logik* (*Pramānavārttika-kārikā*, Tohoku-Katalog 4210) von Dharmakīrti (7. Jh.).

25. Die Drei Körper (*trikāya*) sind drei Aspekte der Buddhaschaft: Der Absolute oder Wahrheits-Körper (*dharmakāya*) ist der Aspekt der Leere; der Körper des Entzückens (*sambhogakāya*) ist der Aspekt des Klaren Lichtes; der Körper der Verwandlung (*nirmānakāya*) ist der Aspekt des Mitgefühls.

26. Hörer (*shrāvaka*) hören die Lehre des Buddha, praktizieren und überliefern sie; Alleinverwirklicher (*pratyekabuddha*) schreiten auf dem spirituellen Weg voran, ohne sich auf einen Meister zu stützen; ein Arhat ist «einer, der seine Feinde [die Geistesgifte] überwunden hat».

27. Zehn Vollkommenheiten: die Sechs hauptsächlichen Vollkommenheiten–Freigebigkeit, ethisches Verhalten, Geduld, beharrliches Streben, Meditation, Höchste Weisheit – sowie Geeignete Methoden, Stärke, Wunschgebet und Ursprüngliche Weisheit.

28. Nāgārjuna, ein großer indischer Philosoph, dessen bemerkenswerte Kommentare über die relative und die absolute Wahrheit zum Zusammenschluß philosophischer Schulen unter dem Namen «Mittlerer Weg» oder Mādhyamika führten. Nach verschiedenen Quellen wurde er entweder im 1. Jh. oder im 2. Jh. geboren.

29. Inhärent – «innewohnend», d. h. in sich und aus sich selbst existierend.

30. *Die Essenz des Mittleren Weges* (*Madhyamaka-hridaya-kārikā*, Tohoku-Katalog 3854), verfaßt von dem Weisen Bhavya.

31. Āryadeva (3. Jh.) kommentierte die Werke Nāgārjunas, dessen engster Schüler er war. Seine Schriften zählen zu den grundlegenden Texten des Mittleren Weges (*mādhyamika*).

32. Darbringung in sieben Teilen: Ehrung der Buddhas, Bekenntnis der Fehler, Freude an den guten Taten anderer, Bitte an die Buddhas und spirituellen Lehrer, das Rad der Lehre zu drehen und weiterhin in dieser Welt zu verweilen, die Widmung spirituellen Verdienstes für das Wohl aller Lebewesen.

33. Der Berg Meru: in der hinduistischen und buddhistischen Kos-

mologie die Weltachse des Universums. Die östliche Seite dieses Berges ist aus Kristall, die südliche aus Saphir, die westliche aus Rubin und die nördliche aus Gold. Um die Weltachse gruppieren sich die vier «Kontinente»; einer von ihnen ist die Erde.

34. *Eintritt in den Mittleren Weg*, ein Werk von Chandrakīrti (ca. 7. Jh.), in dem er die absolute Wahrheit der Lehren Nāgārjunas erläutert.

35. *Kompendium der Logik* (*Pramānasamuchchaya-nāma-prakarana*, Tohoku-Katalog 4203), verfaßt von Dignāga (5. Jh.).

36. Die sechzehn Unterteilungen der Vier Edlen Wahrheiten sind:
   - für die Wahrheit vom Leiden: Vergänglichkeit, Leidhaftigkeit, Leere und der Glaube an die wahre Existenz der Dinge;
   - für den Ursprung des Leidens: Ursache, Ursprung, Hervorbringung und Bedingungen;
   - für die Wahrheit von der Beendigung des Leidens: Beendigung, Befriedung, Vortrefflichkeit und Entsagung;
   - für die Wahrheit vom Weg: Weg, Wissen, Ausübung, Befreiung.

37. Der Dalai Lama empfiehlt in diesem Zusammenhang das «Gebet des vollkommenen Verhaltens», das die zwölf großen Gelübde, die die Buddhas auf der Schwelle zur Erleuchtung ablegen, enthält.

38. Nāgārjuna und Asanga werden die zwei erhabenen Weisen genannt; die sechs Kleinodien Indiens sind Āryadeva, Vasubandhu, Dignāga, Dharmakīrti, Gunaprabha und Shākyaprabha.

39. Nach der buddhistischen Lehre ist unser Bewußtsein ein kontinuierlicher Strom von Bewußtheitsmomenten. Jeder dieser Bewußtheitsmomente wird durch den Kontakt mit einem äußeren oder inneren Objekt ausgelöst und sofort vom nächsten Bewußtheitsmoment ersetzt. Zwei Bewußtheitsmomente können sich nicht gleichzeitig auf dasselbe Objekt beziehen, aber es existieren so viele Bewußtheitsmomente, wie es Wahrnehmungen gibt. Diese Definition des Bewußtseins trifft jedoch nur auf seinen relativen Aspekt zu. Vom Standpunkt der absoluten Wahrheit haben die Bewußtheitsmomente keine wirkliche Existenz (siehe 8. Kapitel).

40. Die Begriffe Bewußtheit und Wachsamkeit tauchen immer

wieder in diesem Kapitel auf. Bewußtheit (*samprajñatā*) bedeutet in diesem Fall, nicht zu vergessen, was angenommen und was vermieden werden sollte, während man unter Wachsamkeit (*smriti*) das ständige Prüfen der eigenen Gedanken und des eigenen Verhaltens versteht.

41. Das *Sūtra in drei Teilen* (*Triskandha-Sūtra*, Tohoku-Katalog 284) setzt sich zusammen aus dem «Bekenntnis in Gegenwart der fünfunddreißig Buddhas», der «Wertschätzung der Tugenden» und der «Widmung des Verdienstes».

42. Kadampa: eine auf Atīsha (982–1054) zurückgehende Schule des tibetischen Buddhismus, die Entsagung und Geistesschulung durch Herzensgüte und Mitgefühl betont. Nach Tsongkhapa (1357–1419) wurde sie zur Gelukpa-Schule. Die Lehren der Kadampa werden von allen Schulen praktiziert.

43. *Die Bodhisattva-Stufen* (*Bodhisattvabhūmi*, Tohoku-Katalog 4037) von Asanga, *Das Schmuckstück der Sūtras* (*Mahāyāna-Sūtrālamkāra-Kārikā*, T. 4020) von Maitreyanātha, *Das Kompendium der Lehrreden* (*Shikshāsammuchchaya*, T. 3939) und *Der Eintritt in den Weg zum Erwachen* (*Bodhicharyāvatāra*, T. 3871) von Shāntideva, *Frühere Leben des Buddha* (*Jātakamālā*, T. 4150) von Āryashūra und *Spontane Ratschläge* (*Udānavarga*, T. 326 und 4099) von Buddha und Dharmatrāta.

44. Das *Kompendium der Sūtras* (*Sūtrāsamuchchaya*), dieser Text ist verlorengegangen.

45. Man unterscheidet sechs Daseinsbereiche. «Gewöhnliche Wesen des Samsāra» meint diejenigen der Welt der Begierde. Ausgenommen sind hier die himmlischen Wesen der Formwelt und der Welt der Formlosigkeit.

46. Wenn es eine Entität gäbe, die ewig existierte, dürfte auch ihr Kontakt mit anderen Objekten niemals abbrechen. Denn wenn er abbräche, verlöre die Entität, weil das einen Wandel beinhalten würde, ihr Merkmal der ewigen Existenz. Tatsächlich sind die «Entität im Kontakt» und die «Entität, die keinen Kontakt mehr hat», nicht identisch. Diese Begründung wird benutzt, um zu veranschaulichen, daß es eine permanent existierende Entität nicht geben kann.

47. Das heißt, die vierundzwanzig anderen Objekte der Wahrnehmung.

48. S. H. der Dalai Lama bezieht sich hier hauptsächlich auf das *Kompendium der Logik* (*Pramānasamuchchaya-nāma-prakarana*, Tohoku-Katalog 4203) von Dignāga und das *Sūtra des Abhängigen Entstehens* (*Pratītyasamutpāda-Sūtra*, T. 212), die drei Arten von Ursachen und Bedingungen beschreiben.

49. Acht weltliche Anliegen: gewinnen und verlieren, sich freuen und leiden, gelobt und kritisiert werden, berühmt und unbedeutend sein.

50. Felder für Verdienst: Alle Wesen, die uns eine Gelegenheit bieten, Freigebigkeit zu üben, Opfergaben darzubringen und Hingabe zu entwickeln etc. und somit Verdienst und Weisheit anzusammeln.

51. Die Zehn Negativen Handlungen: die drei, die den Körper betreffen, sind töten, stehlen und sexuelle Verfehlungen; die vier, die die Rede betreffen, sind Lüge, unnützes Geschwätz, Verleumdung und verletzende Worte; die drei, die den Geist betreffen, sind Neid, Boshaftigkeit und falsche Anschauungen.

52. Die zehn Bodhisattva-Stufen (*bhūmi*) sind die aufeinanderfolgenden Ebenen der spirituellen Verwirklichung des Bodhisattva-Weges. Auf der ersten Stufe erkennt man die Bedeutung der Leere, bis schließlich die zehnte Stufe erreicht wird, auf der man zu einem Buddha wird.

53. Diese beiden Schulen (die zu den achtzehn Schulen der «Hörer» gehören) haben zwar die buddhistischen Regeln angenommen, aber einige der philosophischen Anschauungen des Hinduismus beibehalten. Als die Anhänger dieser Schulen den Buddha baten, Ātman, das Selbst, zu beschreiben, schwieg der Buddha, weil er wußte, daß sie nicht bereit waren, die Nicht-Existenz des Selbst zu akzeptieren. Diese Schüler aber interpretierten das Schweigen des Buddha als einen Hinweis, daß Ātman unbeschreibbar sei.

54. Die Übenden des Hīnayāna haben den groben und subtilen Aspekt der Leere des Selbst im Individuum erkannt, nicht aber die Leere aller Phänomene in bezug auf inhärente Existenz realisiert. Darum sind sie nicht in der Lage, den trübenden Schleier zu beseitigen, der die absolute Erkenntnis verdeckt. Obwohl sie ihre verstörenden Emotionen aufgelöst und somit den Frieden des Nirvāna erreicht haben, erlangen sie nicht die

allumfassende Erkenntnis der Buddhaschaft, die die Extreme von Samsāra und Nirvāna transzendiert.

55. In den Sūtras wird in diesem Zusammenhang oft das Beispiel des Mönches Kamal Gawa zitiert. Aus Mitgefühl für eine Frau, die an gebrochenem Herzen gestorben wäre, wenn er sie verlassen hätte, gab er sein Mönchsgelübde zurück und heiratete sie. Da seine Motivation völlig rein war, sammelte er mit diesem Verhalten grenzenloses Verdienst an.

56. Die zwei Wahrheiten, die relative Wahrheit (*samvriti*) und die absolute Wahrheit (*paramārtha*), sind das Fundament des «Weges der zwei Anhäufungen» (Weisheit und Verdienst), die zur Frucht des Wahrheits- und des Form-Körpers führen.

57. Man spricht von dem tiefgründigen Weg, der die letztgültige Bedeutung der Leere enthüllt, und von dem umfassenden Weg, der die Vielfältigkeit und Interaktionen der Phänomene erläutert.

58. Im Vajrayāna, dem Diamantenen Fahrzeug, wird die Ebene der relativen Wahrheit nicht abgewertet, sondern für den Weg genutzt, indem man alle Erscheinungsformen als Manifestationen des Körpers, der Rede und des Geistes der Buddhas betrachtet.

59. Nyingmapa, die «Schule der Alten», ist die älteste Schule des tibetischen Buddhismus; sie geht auf Padmasambhava (von den Tibetern auch Guru Rinpoche genannt) zurück, der im 8. Jh. den Buddhismus von Indien nach Tibet brachte. Während der zweiten Welle der Verbreitung des Buddhismus vom 11. Jh. an entstanden drei weitere Schulrichtungen, die Kagyüpa («Mündliche Übertragungslinie»), Sakyapa (benannt nach dem Kloster Sakya, «Graue Erde») und Gelugkpa («Schule der Tugendhaften»), die zusammen mit den Nyingmapa die vier Hauptschulen des tibetischen Buddhismus bilden.

Glossar

Aggregate (Skrt.: *skandha*), die fünf Ansammlungen der Körper- und Bewußtseinskomponenten, die gewöhnlich als ein Individuum betrachtet werden, nämlich Form, Empfindung, Unterscheidung, Willensregung und Bewußtsein. Man unterscheidet Skandhas des Individuums und Skandhas der Phänomene.

Alleinverwirklicher (Skrt.: *pratyekabuddha*, wörtl.: «Einsam-Erwachter»), Bezeichnung für einen Erwachten, der die Befreiung nur für sich allein und aus sich allein erlangt hat.

Ansammlung von Verdienst und Weisheit, die positive Energie, die durch die Ausübung vieler heilsamer Handlungen zustande kommt. Sie ist notwendig, um auf dem spirituellen Weg vorwärtszukommen. Durch die Erkenntnis, daß dieses Verdienst sowie auch alle anderen Phänomene ihrem Wesen nach leer sind, wird Weisheit entwickelt. Verdienst und Weisheit werden als die zwei Räder des Wagens betrachtet, der uns zur Erleuchtung trägt.

Arhat, «Einer, der über seine Feinde gesiegt hat», d. h. jemand, der durch die →*Hīnayāna*-Praxis die vier Dämonen der Geburt, des Alterns, der Krankheit und des Todes überwunden hat. Er hat sich von den →*Geistesgiften* und den Leiden des Kreislaufs der Wiedergeburten (→*Samsāra*) befreit, jedoch noch nicht die vollkommene Erleuchtung, die Buddhaschaft, erlangt.

Befreiung, die Befreiung von Leiden und dem Kreislauf der Wiedergeburten (→*Samsāra*). Dies ist noch nicht die vollendete Erleuchtung der Buddhaschaft.

Bhūmi, siehe →*Bodhisattva-Stufen*.

Bodhichitta, siehe →*Erleuchtungsgeist.*

Bodhisattva, ein Wesen, das die Befreiung vom Kreislauf der Wiedergeburten (→*Samsāra*) erlangt, indem es alle Eigenschaften der Erleuchtung verwirklicht. Aus Mitgefühl manifestiert sich der Bodhisattva jedoch wieder im Samsāra, um den Lebewesen zu helfen. Er handelt niemals im Eigeninteresse; all sein Tun, seine Rede und sein Denken sind auf das Wohlergehen anderer ausgerichtet.

Bodhisattva-Stufen, Zehn (Skrt.: *bhūmi*), die verschiedenen Grade des Fortschritts auf dem →*Bodhisattva-Weg*. Auf der ersten Stufe verwirklicht der Bodhisattva das Verständnis der →*Leere*, bis er schließlich die zehnte Stufe erreicht, auf der er zu einem →*Buddha* wird.

Buddha. Ein Buddha hat die Verdunkelung durch die trübenden Schleier, den Schleier der →*Geistesgifte* und den Schleier, der die allumfassende Erkenntnis verhüllt, beseitigt. Zudem hat er die beiden Aspekte der Allwissenheit entwickelt: die Erkenntnis der absoluten Natur der Dinge und die Erkenntnis der Vielfältigkeit und Interaktionen der Phänomene.

Daseinsbereiche (sechs niedere und höhere), siehe →*Samsāra*.

Dharma, die Gesamtheit der Lehren des Buddha und der verwirklichten Meister, die den Weg zur Erleuchtung zeigen. Man unterscheidet zwei Kategorien: den Dharma der Schriften, auf den sich die Unterweisungen stützen, und den Dharma der Verwirklichung, der das Resultat erfolgreicher spiritueller Übung ist.

Durchdringende Einsicht (Skrt.: *vipashyanā*), die Einsicht in die wahre Natur des Geistes und aller Erscheinungen – die →*Leere*.

Erleuchtungsgeist (Skrt.: *bodhichitta*), die Geisteshaltung, die uneigennützig darauf ausgerichtet ist, die Erleuchtung einzig zu dem Zweck zu erlangen, alle Lebewesen vom Leiden zu befreien und sie zur Buddhaschaft führen zu können.

Feindüberwinder, siehe →*Arhat*.

Geist. Im Buddhismus wird der Geist als Fluß von Bewußtseinsmomenten gesehen, die aufgrund ihrer schnellen Abfolge den Anschein einer kontinuierlichen Existenz geben. Die wahre Natur des Geistes hat zwei untrennbare Aspekte: →*Leere* und Klarheit; letztere macht seine Fähigkeit zu erkennen aus.

Geistesgifte (Skrt.: *klesha*), auch als negative oder verstörende Emotionen oder Leidenschaften übersetzt: alle Geistesregungen, die den Geist vergiften bzw. verstören und uns die Kontrolle verlieren lassen. Die Geistesgifte sind die Ursache allen Leidens. Man unterscheidet hauptsächlich: Unwissenheit, Begierde, Haß, Stolz, Eifersucht.

Geistige Ruhe (Skrt.: *shamata*), Zustand der meditativen Sammlung, in dem der Geist stetig bei einem Objekt verweilt, ohne von anderen Wahrnehmungen abgelenkt zu werden. Geistige Ruhe ist das Fundament, auf dem alle anderen Meditationen aufbauen.

Hīnayāna, die Lehren des «Kleinen Fahrzeugs», die sich an all jene richten, die nach persönlicher Befreiung streben, d. h., ihrem eigenen Leiden ein Ende setzen wollen. Es ist der auf Entsagung beruhende Weg der →*Hörer*, →*Alleinverwirklicher* und →*Arhats*.

Höchste Gemeinschaft, siehe →*Sangha*.

Hörer (Skrt.: *shrāvaka*), Schüler (des Buddha), die nach persönlicher Erleuchtung streben und diese durch das Hören der Lehre erlangen können.

Karma (Skrt., wörtl.: «Tat»), das «Gesetz von Ursache und Wirkung», welches das Schicksal der Lebewesen bestimmt; ihre Freuden, ihre Leiden, ihre Wahrnehmungen der Welt sind weder zufällig noch das Werk eines allmächtigen Schöpfers, sondern das Resultat ihrer früheren Handlungen. Gleichermaßen wird auch die Zukunft jedes Lebewesens durch die Qualität seiner jetzigen Taten bestimmt.

Kette des Entstehens in gegenseitiger Abhängigkeit (Skrt.: *pratītya-samutpāda*), die Kette von Ursache und Wirkung, die die Lebewesen an den →*Kreislauf der Wiedergeburten* bindet und durch die deren Leiden fortgesetzt werden. Diese Kette hat zwölf Glieder: (1) Unwissenheit erzeugt (2) Triebkräfte, diese bringen das (3) Bewußtsein hervor. Dieses ist die Ursache für (4) Name und Gestalt; daran schließt sich die Entstehung der (5) sechs Sinne an. Mit den sechs Sinnen kommt es zu (6) Berührung und so zu (7) Empfindung. Empfindung ruft (8) Verlangen hervor, das zu einem (9) Ergreifen wird. Dieses wiederum verursacht (10) Streben nach Verkörperung, welches zur (11) Geburt führt und damit auch zu (12) Alter und Tod.

Klesha, siehe →*Geistesgifte*.

Körper (Skrt.: *kāya*), die Drei Körper (*trikāya*) sind drei Aspekte der

Buddhaschaft: Der Absolute oder Wahrheits-Körper (*dharmakāya*) ist der Aspekt der Leere. Der Körper des Entzückens (*sambhogakāya*) ist der Aspekt des Klaren Lichts. Der Manifestierte Körper (*nirmānakāya*) ist der Aspekt des Mitgefühls.

Kreislauf der Wiedergeburten, siehe →*Samsāra*.

Leere (auch: Leerheit, Skrt.: *shūnyatā*), die Unauffindbarkeit einer inhärenten Existenz im Individuum und in den Phänomenen; Leere in bezug auf innewohnende Existenz darf jedoch nicht in einem nihilistischen Sinn als «Nichts» mißverstanden werden.

Mahāyāna. Die Lehren des «Großen Fahrzeugs» basieren auf Mitgefühl; es ist der Weg der →*Bodhisattvas*, die nach Erleuchtung streben, um in der Lage zu sein, die unendliche Zahl der Lebewesen zur Befreiung zu führen.

Mandala, eine symbolische Repräsentation der Welt eines →*Buddha* oder →*Bodhisattva*. Das Mandala wird in ausführlichen Zeremonien aus gefärbtem Sand gefertigt und dient als Stütze der Meditation und der Initiation.

Mantra. Wie seine etymologische Bedeutung anzeigt, schützt das Mantra den Geist (vor allem, was ihn in Verwirrung und Unwissenheit stürzt). Ein Mantra ist eine Folge von Silben, die im allgemeinen den Namen eines →*Buddha* beinhalten.

Mitgefühl (Skrt.: *karunā*), die Entschlossenheit, alle Lebewesen von Leiden und den Ursachen des Leidens – nämlich negative Handlungen und Unwissenheit – zu befreien; auch übersetzt als «Erbarmen».

Mittlerer Weg (Skrt.: *mādhyamika*), die höchste philosophische Anschauung des →*Mahāyāna*-Buddhismus. Die Bezeichnung ergibt sich aus der Tatsache, daß dieser Weg in kein Extrem verfällt, weder in das des Nihilismus noch in das des Glaubens an eine wirkliche Existenz der Phänomene.

Nirvāna, wörtl. «Verlöschen», der Zustand jenseits des Leidens, der in allen Schulen des Buddhismus angestrebt wird, den der →*Bodhisattva* aber nicht nur für sich selbst zu verwirklichen trachtet, sondern zu dem er allen Wesen verhelfen will.

Reine Länder der Buddhas, die Welten, in denen die →*Buddhas* erscheinen und lehren. Neben der irdischen Welt, die als das Reine Land des Buddha Shākyamuni angesehen wird, gibt es unendlich viele andere Welten.

Samsāra, der Kreislauf der Wiedergeburten bzw. Daseinskreislauf, beherrscht vom Leiden, das durch Unwissenheit und die anderen →*Geistesgifte* verursacht wird. Er umfaßt die sechs niederen Daseinsbereiche der Höllenwesen, Hungergeister und Tiere und die drei höheren Daseinsbereiche der Menschen, Halbgötter und Götter. Der Daseinsbereich des Menschen ist der einzige, in dem es einerseits genügend Leid gibt, um den Wunsch nach Befreiung zu wecken, ohne daß man andererseits durch die Intensität des Leidens jeglicher Möglichkeit beraubt wird, einem spirituellen Weg zur Befreiung zu folgen.

Sangha, die Gemeinschaft aller praktizierenden Buddhisten, von gewöhnlichen Wesen bis zu den →*Bodhisattvas*.

Skandha, siehe →*Aggregate*.

Soheit (Skrt.: *tāthata*), das wahre Wesen, die wahre Natur der Dinge, so wie sie sich dem Geist offenbart, wenn die Subjekt-Objekt-Dualität überwunden ist.

Shamata, siehe →*Geistige Ruhe*.

Söhne/Töchter der Buddhas, Synonym für →*Bodhisattvas*.

Sūtra, die Darlegungen des historischen Buddha Shākyamuni, die von seinen Schülern niedergeschrieben wurden.

Tantras, Basistexte des tibetischen Buddhismus (*vajrayāna*), in denen die Lehre und Praxis des tantrischen Buddhismus dargelegt werden.

Vajrayāna, das «Diamantfahrzeug», die Gesamtheit der Lehren und Übungen, die sich auf die →*Tantras* gründen. Das Diamantfahrzeug vereinigt die Lehren des →*Hīnayāna* und des →*Mahāyāna* mit den ihm eigenen «Geeigneten Methoden» (Skrt.: *upāya*) und ermöglicht dadurch schnellen Fortschritt auf dem spirituellen Weg.

Verstörende Emotionen, siehe →*Geistesgifte*.

Vier Edle Wahrheiten (Skrt.: *āryasatya*), die Grundlage der buddhistischen Lehre: 1. das Leiden, dessen Allgegenwart im Kreislauf der Wiedergeburten (→*samsāra*) wir erkennen sollten; 2. der Ursprung des Leidens, die →*Geistesgifte*, die zu überwinden sind; 3. der Weg (der Geistesschulung), den man durchlaufen muß, um die Befreiung von Leiden zu erlangen; 4. die Beendigung des Leidens – das Ziel dieses Weges, die Buddhaschaft.

Vipashyanā, siehe →*Durchdringende Einsicht*.

Vollkommenheit, die Sechs Transzendenten (Skrt.: *pāramitā*): 1. Freigebigkeit (auch Gebefreudigkeit oder großzügiges Geben), 2. ethisches Verhalten/Selbstdisziplin, 3. Geduld, 4. beharrliches Streben, 5. Meditation und 6. Höchste Weisheit. Sie werden transzendent genannt, wenn ihre Ausübung mit dem Verständnis der →*Leere* verbunden und frei von den dualistischen Konzepten Subjekt, Objekt und Tat ist.

Weg, die spirituelle Schulung, die es ermöglicht, sich aus dem leidvollen Kreislauf der Wiedergeburten zu befreien und schließlich die Buddhaschaft zu erlangen.

Widmung, die Übertragung unseres Verdienstes auf alle Lebewesen, damit sie die Erleuchtung erlangen. Durch die Widmung wird das Potential des Verdienstes unbegrenzt und vermehrt sich weiter bis zur Befreiung.

Weltzeitalter (Skrt.: *kalpa* oder *mahākalpa*). Der buddhistischen Kosmologie nach unterliegen die Welten einem Zyklus des Entstehens und der Zerstörung. Die Zeitperiode zwischen dem Anfang einer Welt, ihrer Zerstörung und der Entstehung einer neuen Welt wird Mahākalpa genannt. Ein Mahākalpa setzt sich aus vier anfanglosen Zyklen zusammen, die vier Phasen entsprechen, nämlich der Entstehung, dem Bestehen, der Zerstörung und einer Zwischenphase des Chaos, die der Entstehung einer neuen Welt vorausgeht.

Thich Nhat Hanh
Lächle deinem eigenen Herzen zu
Wege zu einem achtsamen Leben
Hrsg. von J. Bossert/A. Meutes-Wilsing
Band 4370
Die einfache, tiefe Botschaft an Menschen, die in der Hektik des Alltags beim Gehen schon ans Rennen denken.

Matthew Fox
Der Weg der Verwandlung – Geist und Kosmos
Vorwort von Rupert Sheldrake. Nachwort von Bede Griffiths
Band 4361
Ein moderner Theologe des 20. Jahrhunderts im – fiktiven – Gespräch mit dem universalen Genie des Mittelalters: Thomas von Aquin.

Geshe Thubten Ngawang
Genügsamkeit und Nichtverletzen
Natur und spirituelle Entwicklung im tibetischen Buddhismus
Mit Beiträgen des Dalai Lama
Hrsg. von B. Stratmann
Band 4356
Aus dem Kern der Botschaft des Dalai Lama sind die Konsequenzen formuliert, die sich aus buddhistischer Sicht ergeben.

Amadeo Solé-Leris
Die Meditation, die der Buddha selber lehrte
Wie man Ruhe und Klarblick gewinnen kann
Band 4316
Der bedeutende westliche Meister erschließt in diesem praktischen Handbuch dem Meditationsanfänger die älteste Überlieferung buddhistischer Meditation.

Hans-Peter Hasenfratz
Der indische Weg
Die Spiritualität eines Kontinents entdecken
Band 4309
Die leicht verständliche und fesselnd geschriebene Einführung in den indischen Kosmos.

Hugo M. Enomiya-Lassalle
Zen – Weg zur Erleuchtung
Einführung und Anleitung
Band 4121

Die klassisch gewordene Einführung. Eine unwiderstehliche Einladung zu einem neuen Leben aus der Kraft der Meditation.

Johann Maier
Geschichte der jüdischen Religion
Band 4116

Die aufregende und wechselvolle Biographie einer der ältesten Menschheitsreligionen der Welt.

Die Reden des Buddha
Lehre, Verse, Erzählungen
Band 4112

Texte voll denkerischer Tiefe und Poesie – ein Kompendium des Weisheitswissens von unvergleichlicher Aktualität.

Die Bhagavadgita
In der Übertragung von Sri Aurobindo
Mit einer Einführung von Anand Nayak
Band 4106

Die älteste heilige Schrift der Menschheit in der tiefschürfenden Übertragung eines der bedeutendsten indischen Yogis.

Jakob J. Petuchowski
Mein Judesein
Wege und Erfahrungen eines deutschen Rabbiners
Band 4092

Die Einführung in die geistige Welt des modernen Judentums.
Ein notwendiges Buch: für Juden, Christen und für Deutsche.
„Ein Vermächtnis“ (FAZ).